はじめての日本語能力試験

N5単語 1000

1000 Essential Vocabulary for the JLPT N5

アークアカデミー

タイ語・インドネシア語訳 + 赤シート

ด้วยการแปลภาษาไทย
Dilengkapi terjemahan bahasa Indonesia

ask
PUBLISHING

はじめに

　この本は、日本語能力試験のレベル別シリーズの一冊となっており、本書はＮ５合格を目指すためのものです。

　日本語能力試験によく取り上げられ、毎日の暮らしにも役立つ単語をリストアップしました。チャプター・セクションごとにテーマがあり、それぞれの場面をイメージして学びます。タイ語とインドネシア語の対訳がついているので、単語や例文の意味もスムーズに確認することができます。

　すべての漢字にルビがついているので、辞書なしで勉強できるのも魅力です。また、赤シート、単語と例文の音声、チャプターごとの模擬試験も用意しました。

　日本で学習している方はもちろん、日本以外の国で学習している方にもイメージしやすい内容になっています。この単語帳は試験対策だけではなく、日本語を学習する皆さんにとって心強い一冊になります。合格を心から祈っています。

2019 年 10 月

著者一同

หนังสือเล่มนี้เป็นหนึ่งในหนังสือชุดเตรียมสอบวัดระดับความรู้ภาษาญี่ปุ่น ซึ่งแบ่งออกเป็นระดับต่าง ๆ เขียนขึ้นสำหรับผู้ที่ต้องการสอบผ่านระดับ N5

ในหนังสือเล่มนี้ได้รวบรวมคำศัพท์ที่มักออกในข้อสอบวัดระดับความรู้ภาษาญี่ปุ่น และเป็นคำศัพท์ที่มีประโยชน์ในชีวิตประจำวัน โดยแบ่งคำศัพท์ ในแต่ละบทและหมวดตามข้อ ช่วยให้ผู้เรียนสามารถเรียนรู้คำศัพท์โดยนึกภาพสถานการณ์ที่จะใช้แต่ละสถานการณ์ได้ นอกจากนี้ยังสามารถตรวจสอบความหมายของคำศัพท์และประโยคตัวอย่างได้อย่างง่ายดายเนื่องจากมีคำแปลภาษาไทยกำกับอยู่

เสน่ห์อีกอย่างหนึ่งของหนังสือเล่มนี้คือ ผู้เรียนสามารถเรียนรู้คำศัพท์ได้โดยไม่ต้องเปิดพจนานุกรม เพราะมีเสียงอ่านฟูริงานะกำกับอักษรคันจิทุกตัวนอกจากนี้ ยังมีแผ่นพลาสติกสีแดง (สำหรับฝึกจำคำศัพท์) ไฟล์เสียงอ่านคำศัพท์และประโยคตัวอย่าง รวมทั้งตัวอย่างข้อสอบในแต่ละบทให้อีกด้วย

หนังสือเล่มนี้มีเนื้อหาเข้าใจง่าย เหมาะสำหรับผู้ที่เรียนภาษาญี่ปุ่นทั้งใน ประเทศญี่ปุ่นและต่างประเทศ และไม่เพียงใช้เพื่อเตรียมตัวสอบเท่านั้น แต่ยังช่วยให้ผู้เรียนภาษาญี่ปุ่นทุกคนมีความมั่นใจมากขึ้นอีกด้วย ขอให้ทุกคนโชคดี ในการสอบ

ตุลาคม 2019
คณะผู้เขียน

Buku ini salah satu jilid dari buku seri yang dibagi berdasarkan level Ujian Kemampuan Bahasa Jepang, dan merupakan buku yang ditujukan agar bisa lulus level N5.

Dalam buku ini disusun daftar kosakata yang sering digunakan dalam Ujian Kemampuan Bahasa Jepang dan juga bermanfaat dalam kehidupan sehari-hari. Ada tema tertentu pada tiap bab dan subbab, sehingga bisa dipelajari dengan membayangkan masing-masing situasi percakapannya. Karena dilengkapi terjemahan bahasa Thailand dan bahasa Indonesia, maka bisa dengan mudah dan lancar mengkonfirmasi arti kosakata dan contoh kalimatnya.

Daya tarik lain dari buku ini adalah semua huruf kanji dilengkapi cara bacanya sehingga bisa dipelajari tanpa kamus. Selain itu, disediakan juga plastik mika merah, bunyi audio setiap kosakata dan contoh kalimat, dan soal latihan di setiap bab.

Isi buku ini juga mudah dibayangkan baik oleh orang yang sedang belajar di Jepang maupun orang yang sedang belajar di luar Jepang. Buku saku daftar kosakata ini bukan hanya untuk metode belajar persiapan ujian Ujian Kemampuan Bahasa Jepang saja, namun bias menjadi satu jilid buku yang sangat membantu Anda semua dalam mempelajari Bahasa Jepang. Kami berharap semoga Anda sekalian bisa lulus Ujian Kemampuan Bahasa Jepang.

Oktober 2019
Dari penulis

この本の使い方　วิธีใช้หนังสือเล่มนี้ / Cara Menggunakan Buku Ini

▶ テーマ別単語学習

เรียนรู้คำศัพท์ตามหัวข้อ / Belajar Kosakata Berdasarkan Tema

日本語能力試験で取り上げることが多い単語がテーマ別にチャプター・セクションでまとめられています。チャプターの順どおりに進めてもいいですし、興味のあるチャプターから始めてもいいでしょう。

รวบรวมคำศัพท์ที่มักปรากฏในข้อสอบวัดระดับความรู้ภาษาญี่ปุ่น โดยแบ่งเป็นบทและหมวดตามหัวข้อ ผู้เรียนจะเริ่มเรียนตามลำดับตั้งแต่บทแรกหรือจะเริ่มจากบทที่สนใจก็ได้

Kosakata yang sering keluar dalam Ujian Kemampuan Bahasa Jepang dirangkum berdasarkan temanya dan dibagi dalam beberapa bab dan subbab. Anda bisa belajar secara urut bab per bab namun bisa juga mulai belajar dari bab-bab yang temanya Anda minati.

▶ 模擬試験で腕試し

ทดสอบความสามารถด้วยตัวอย่างข้อสอบ /
Mengukur kemampuan dengan mengerjakan soal latihan

日本語能力試験の語彙問題の模擬試験がウェブサイトにあります（PDF／オンライン）。くわしくはウェブサイトをご覧ください。

https://www.ask-support.com/japanese/

มีตัวอย่างข้อสอบวัดระดับความรู้ภาษาญี่ปุ่นส่วนคำศัพท์อยู่ในเว็บไซต์ (PDF/ออนไลน์) โปรดดูรายละเอียดที่เว็บไซต์

Soal latihan kosakata Ujian Kemampuan Bahasa Jepang tersedia di laman kami, dapat diunduh berupa PDF maupun diakses secara online. Untuk lebih jelasnya, silakan mengunjungi laman kami

▶ 赤シートの活用

ใช้ประโยชน์จากแผ่นพลาสติกสีแดง / Manfaat plastik mika merah

付属の赤シートで、単語と例文中の単語を隠して学習できます。訳を参照して、隠れている語がすぐに思い出せるか確認しましょう。

ผู้เรียนสามารถเรียนรู้คำศัพท์โดยใช้แผ่นพลาสติกสีแดงที่ให้มากับหนังสือปิดคำศัพท์และคำศัพท์ที่ปรากฏในประโยคตัวอย่าง จากนั้นดูคำแปลแล้วตรวจสอบว่าสามารถนึกคำศัพท์ที่ปิดไว้ได้ในทันทีหรือไม่

Anda dapat belajar dengan menutupi setiap kosakata dan kosakata yang muncul dalam contoh kalimat menggunakan plastik mika merah ini. Mari mengecek apakah kita dapat mengingat kembali kosakata yang ditutupi plastik mika merah ini dengan merujuk pada bagian terjemahannya.

▶ 音声の活用
おんせい　かつよう
ใช้ประโยชน์จากไฟล์เสียง / Manfaat rekaman bunyi/audio

単語と例文の音声がウェブサイトにあります。くわしくはウェブサイトをご覧く
たんご　れいぶん　おんせい
ださい。https://www.ask-support.com/japanese/

มีไฟล์เสียงอ่านคำศัพท์และประโยคตัวอย่างอยู่ในเว็บไซต์โปรดดูรายละเอียดที่เว็บไซต์
Rekaman bunyi/audio setiap kosakata dan contoh kalimat tersedia di laman kami berupa MP3
maupun diakses secara online. Untuk lebih jelasnya, silakan mengunjungi laman kami.

単語の番号です。
たんご　ばんごう
หมายเลขคำศัพท์
Nomor Kosakata

覚えたら、チェックボックスに
おぼ
チェックを入れましょう。
い
เมื่อจดจำคำศัพท์ได้แล้ว
ให้ทำเครื่องหมายลงในช่องสี่เหลี่ยม
Kalau sudah ingat, berilah tanda
centang di bagian kotak.

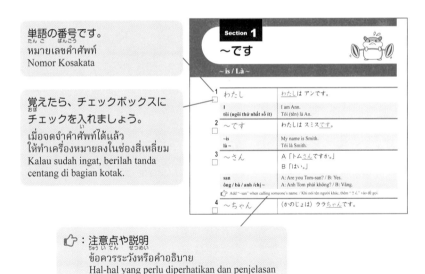

Section 1

〜です

~ is / Là ~

1	わたし	わたしは アンです。
	I tôi (ngôi thứ nhất số ít)	I am Ann. Tôi (tên) là An.
2	〜です	わたしは スミスです。
	~is là ~	My name is Smith. Tôi là Smith.
3	〜さん	A「トムさんですか。」 B「はい。」
	san ông / bà / anh /chị ~	A: Are you Tom-san? / B: Yes. A: Anh Tom phải không? / B: Vâng.
	👉 Add "~san" when calling someone's name. / Khi nói tên người khác, thêm "さん" vào để gọi.	
4	〜ちゃん	（かのじょは）ララちゃんです。

👉：注意点や説明
ちゅう い てん　せつめい
ข้อควรระวังหรือคำอธิบาย
Hal-hal yang perlu diperhatikan dan penjelasan

Chapter 1 じこしょうかい ··· 11

การแนะนำตัว / Perkenalan Diri

1 ～です　เป็น ～ คือ ～ / adalah ····················· 12

2 おはよう。　อรุณสวัสดิ์ / Selamat Pagi ··········· 14

3 かぞく　ครอบครัว / Keluarga ······················· 18

4 なんにんですか。　กี่คน / Berapa orang? ·········· 20

5 ～から きました　มาจาก ～ / Berasal dari ～ ···· 22

Chapter 2 べんきょう ··· 25

การเรียน / Pelajaran

1 学校　โรงเรียน / Sekolah ···························· 26
がっこう

2 かず　ตัวเลข / Jumlah ······························· 28

3 よう日　วันในรอบสัปดาห์ / Hari ···················· 30

4 ことば　คำศัพท์ / Kosakata ························· 32

5 べんきょう　การเรียน / Pelajaran ················· 34

Chapter 3 しごと ··· 37

งาน / Pekerjaan

1 はたらく　ทำงาน / Bekerja ························· 38

2 しごと　งาน / Pekerjaan ···························· 41

3 これは 何ですか。　นี่คืออะไร / Ini apa? ············ 43
　　　　 なん

4 何こ ありますか。　มีกี่อัน / Ada apa? ·············· 48
なん

5 時間　เวลา / Waktu ································· 50
じかん

Chapter 4 友だち ··· 55
とも

เพื่อน / Teman

1 どんな 人？　เป็นคนอย่างไร / Orang yang bagaimana? ········· 56
　　　 ひと

2 シャツを きて います。ใส่เสื้อเชิ้ต / Mengenakan Jas ········ 59

3 スカートを はきます。สวมกระโปรง / Mengenakan Rok ······· 61

4 あそぶ　เล่น เที่ยวเล่น / Bermain ···················· 64

5 町　เมือง / Kota ······································· 67
まち

Chapter 5　きょうの ごはん ································· **69**
アアハーラーワンニー / Menu makan hari ini

1 あさ・よる　ตอนเช้า・ตอนกลางคืน / Pagi・Malam　**70**
2 食べる・飲む　กิน・ดื่ม / Makan・Minum ··········· **73**
3 りょうり　อาหาร / Masakan ···················· **77**
4 レストラン　ร้านอาหาร / Restoran ··············· **80**
5 どうですか。　เป็นอย่างไร / Bagaimana? ··········· **83**

Chapter 6　しゅみ ································· **85**
งานอดิเรก / Hobi

1 しゅみ　งานอดิเรก / Hobi ·················· **86**
2 おんがく　ดนตรี / Musik ·················· **89**
3 スポーツ　กีฬา / Olah raga ················ **92**
4 てんき　สภาพอากาศ / Cuaca ··············· **95**
5 きせつ　ฤดูกาล / Musim ·················· **98**

Chapter 7　買い物 ································· **103**
การซื้อของ / Belanja

1 買い物　การซื้อของ / Belanja ·············· **104**
2 みせ　ร้านค้า / Toko ······················ **108**
3 ATM　เอทีเอ็ม / ATM ···················· **111**
4 おくる　ส่ง / Mengirim ···················· **113**
5 プレゼント　ของขวัญ / Hadiah ·············· **116**

Chapter 8　休みの日 ································· **121**
วันหยุด / Hari Libur

1 のりもの　ยานพาหนะ / Kendaraan ··········· **122**
2 どのくらい？　ประมาณเท่าไร / Berapa lama? ········· **126**
3 みち　ถนน / Jalan ······················ **128**
4 どこ？　ที่ไหน / Di mana? ·················· **131**
5 出かける　ออกไปข้างนอก / Bepergian ··········· **133**

9

Chapter 9　　**すむ** ･･････････････････････････････････････ **137**

　　　アゆ่อาศัย พักอาศัย / Tinggal

1 いえ　　บ้าน / Rumah ･････････････････････････ 138
2 アパートの ２かい
　　　ชั้น 2 ของอพาร์ตเมนต์ / Apartemen lantai 2 ･････ 142
3 ひっこし　　การย้ายบ้าน / Pindahan ･････････････ 144
4 先生のいえ　　บ้านอาจารย์ / Rumah Guru saya ･････ 147
せんせい
5 電気　　ไฟฟ้า / Lampu ･････････････････････ 152
でんき

Chapter 10　　**けんこう etc.** ･･･････････････････････ **155**

　　　สุขภาพ และอื่น ๆ / Kesehatan dan lain-lain

1 びょうき　　เจ็บป่วย ไม่สบาย โรคภัย / Sakit ････････ 156
2 お元気ですか。　　สบายดีไหม / Apa kabar? ････････ 159
げんき
3 たいせつな もの・こと
　　　สิ่งสำคัญ・เรื่องสำคัญ / Hal atau barang yang penting ･･ 162
4 しょうらい　　อนาคต / Masa Depan ････････････････ 164
5 これも おぼえよう！
　　　จดจำคำเหล่านี้กันเถอะ！/ Mari mengingat yang ini juga! 166

50 音 順 単語さくいん　　ดัชนีคำศัพท์เรียงลำดับตามเสียงอักษรญี่ปุ่น/ ･･･････････ **170**
おんじゅんたんご　　Daftar 50 kosakata sesuai urutan abjad Jepang

N5
Chapter
1

じこしょうかい

การแนะนำตัว / Perkenalan Diri

単語 No.
たんご

Section 1	～です	เป็น ～ คือ ～ adalah	**1 ～ 13**
Section 2	おはよう。	อรุณสวัสดิ์ Selamat Pagi	**14 ～ 28**
Section 3	かぞく	ครอบครัว Keluarga	**29 ～ 50**
Section 4	なんにんですか。	กี่คน Berapa orang?	**51 ～ 67**
Section 5	～から きました	มาจาก ～ Berasal dari ～	**68 ～ 102**

〜です

เป็น 〜 คือ 〜 / adalah

---

1 わたし

わたしは アンです。

ฉัน ผม ดิฉัน
saya

ฉัน (ชื่อ) แอน
Saya adalah Ann.

---

2 〜です

わたしは スミスです。

เป็น 〜 คือ 〜
adalah

ฉัน (ชื่อ) สมิท
Saya adalah Smith.

---

3 〜さん

A「トムさんですか。」

B「はい。」

คุณ 〜
san

A：คุณทอมใช่ไหมคะ / B：ใช่ครับ
A：Apakah Anda Tom-san? / B：Ya.

👉 เติม さん ต่อท้ายชื่อเมื่อเรียกบุคคลอื่น / Tambahkan 〜さん saat memanggil nama seseorang.

---

4 〜ちゃん

(かのじょは) ララちゃんです。

หนู 〜
chan

(เธอชื่อ) หนูลาร่า
Dia adalah Lara-chan.

👉 เติม ちゃん ต่อท้ายชื่อเมื่อเรียกเด็ก / Tambahkan 〜ちゃん saat memanggil nama anak kecil.

---

5 あなた

あなたは トムさんですか。

คุณ เธอ
(สรรพนามบุรุษที่ 2)
Anda, kamu

คุณคือคุณทอมใช่ไหมคะ
Apakah Anda Tom-san?

👉 ในภาษาญี่ปุ่นไม่นิยมใช้คำว่า あなた เรียกผู้อื่น / あなた tidak sering digunakan dalam bahasa Jepang.

---

6 かれ

かれは トムさんです。

เขา (ผู้ชาย)
Dia (laki-laki)

เขาคือคุณทอม
Dia adalah Tom-san.

👉 คำนี้มี 2 ความหมาย 1) เขา (ผู้ชาย) (สรรพนามบุรุษที่ 3) 2) แฟนหนุ่ม
Kata itu memiliki dua makna; 1) laki-laki, 2) pacar laki-laki.

7 かのじょ

かのじょは ヒエンさんです。

เขา (ผู้หญิง) เธอ หล่อน
Dia (perempuan)

เธอคือคุณเฮียน
Dia adalah Hien-san.

👉 คำนี้มี 2 ความหมาย 1) เขา (ผู้หญิง) เธอ หล่อน (สรรพนามบุรุษที่ 3) 2) แฟนสาว
Kata itu memiliki dua makna; 1) perempuan, 2) pacar perempuan.

8 [お]なまえ

A「おなまえは?」
B「トムです。」

ชื่อ (ของคุณ)
nama

A : คุณชื่ออะไรคะ / B : ทอมครับ
A : Siapa nama Anda? / B : Saya adalah Tom.

9 はい

A「やまださんですか。」
B「はい。」

ใช่ ค่ะ ครับ
iya, ya

A : คุณยามาดะใช่ไหมคะ / B : ใช่ครับ
A : Apakah Anda Yamada-san? / B : Ya.

10 ええ

A「やまださんですか。」
B「ええ、そうです。」

ใช่ ค่ะ ครับ
iya, ya

A : คุณยามาดะใช่ไหมคะ / B : ครับ ใช่ครับ
A : Apakah Anda Yamada-san? / B : Ya, benar.

👉 ในการสนทนา นิยมใช้ ええ มากกว่า はい / Dalam percakapan, lebih sering digunakan ええ daripada はい.

11 いいえ

A「やまださんですか。」
C「いいえ。」

เปล่า ไม่ใช่
tidak, bukan

A : คุณยามาดะใช่ไหมคะ / C : ไม่ใช่ครับ
A : Apakah Anda Yamada-san? / C : Bukan.

12 そうです

A「やまださんですか。」
B「はい、そうです。」

ใช่ เป็นอย่างนั้น
benar

A : คุณยามาดะใช่ไหมคะ / B : ครับ ใช่ครับ
A : Apakah Anda Yamada-san? / B : Ya, benar.

13 ちがいます

A「やまださんですか。」
B「いいえ、ちがいます。たなかです。」

ผิด ไม่ถูกต้อง ไม่ใช่
tidak benar

A : คุณยามาดะใช่ไหมคะ
B : เปล่า ไม่ใช่ครับ ผม (ชื่อ) ทานากะครับ
A : Apakah Anda Yamada-san?
B : Bukan, saya bukan Yamada. Saya Tanaka.

おはよう。

อรุณสวัสดิ์ / Selamat Pagi

9:00

อรุณสวัสดิ์
Selamat pagi.

14 ☐ おはよう。

อรุณสวัสดิ์ครับ
Selamat pagi.

15 ☐ おはようございます。

ครู / guru   นักเรียน / murid/mahasiswa

12:00

16 ☐ こんにちは。   こんにちは。

สวัสดี (ตอนกลางวัน)
Selamat siang.

20:00

17 ☐ こんばんは。   こんばんは。

สวัสดี
(ตอน เย็นและค่ำ)
Selamat malam.

ลาก่อน
Selamat tinggal.

18
☐

19
☐

แล้วเจอกันใหม่
Sampai jumpa lagi.

ราตรีสวัสดิ์
Selamat beristrirahat.

22:00 **20**
☐

ขอบใจ
Terima kasih.

21 □ ありがとう。

ไม่เป็นไร ด้วยความยินดี
Sama-sama. /
Terima kasih kembali.

22 □ どういたしまして。

23 □ ありがとうございます。

ขอบคุณครับ
Terima kasih.

👍 ありがとうございます สุภาพกว่า ありがとう / Lebih baik menggunakan ありがとうございます daripada ありがとう agar terdengar lebih sopan.

เชิญครับ
Silakan.

24 □ どうぞ。

ขอบคุณครับ
Terima kasih.

25 □ どうも。

ยินดีที่ได้รู้จักครับ
Perkenalkan.

26 □ はじめまして。

ฝากเนื้อฝากตัวด้วยค่ะ
Senang berkenalan dengan Anda.

27 □ どうぞ よろしく。

28 □ こちらこそ。

เช่นกันครับ
Begitu pula sebaliknya dengan saya.

かぞく

ครอบครัว / Keluarga

29 □	かぞく	<u>かぞく</u>は 7 にんです。 しち/なな
	ครอบครัว keluarga	ครอบครัวฉันมี 7 คน Keluarga saya 7 orang.

わたしの かぞく

ครอบครัวของฉัน / keluarga saya

31 □ 父 ちち
พ่อ
ayah, bapak

30 □ りょうしん
พ่อแม่
orang tua

32 □ 母 はは
แม่
ibu

33 □ あね
พี่สาว
kakak
perempuan

34 □ あに
พี่ชาย
kakak laki-laki

わたし

35 □ おとうと
น้องชาย
adik laki-laki

36 □ いもうと
น้องสาว
adik
perempuan

37 □ きょうだい
พี่น้อง
saudara kakak-beradik

38 □ いぬ
สุนัข หมา
anjing

39 □ ねこ
แมว
kucing

40 □	いる	① いぬが います。
		② あにが います。
มี อยู่		① มีสุนัข ② มีพี่ชาย
ada, punya		① Saya punya anjing. ② Punya kakak laki-laki.

👉 ① มี อยู่ (ใช้กับสิ่งมีชีวิต หรือสิ่งที่เคลื่อนที่ได้) ② มี (ผู้ที่มีความเกี่ยวข้องกับ บุคคลนั้น)
① ada untuk makluk hidup atau benda bergerak ② seseorang yang berhubungan dengan persona yang ada

41 □	うち	うちに ねこが います。
บ้าน		ที่บ้านมีแมว
rumah		Di rumah punya kucing.

やまださんの かぞく

ครอบครัวของคุณยามาดะ / keluarga Yamada-san

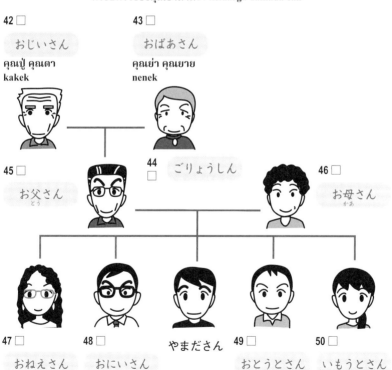

42 □ おじいさん
คุณปู่ คุณตา
kakek

43 □ おばあさん
คุณย่า คุณยาย
nenek

45 □ お父さん
とう

44 □ ごりょうしん

46 □ お母さん
かあ

47 □ おねえさん

48 □ おにいさん

やまださん

49 □ おとうとさん

50 □ いもうとさん

なんにんですか。

กี่คน / Berapa orang?

51 ☐
ひとり

1 คน
satu orang

52 ☐
ふたり

2 คน
dua orang

53 ☐
さんにん

3 คน
tiga orang

54 ☐
よにん

4 คน
empat orang

55 ☐
ごにん

5 คน
lima orang

56 ☐
ろくにん

6 คน
enam orang

57 ☐
しち / ななにん

7 คน
tujuh orang

58 ☐
はちにん

8 คน
delapan orang

59 ☐
く / きゅうにん

9 คน
sembilan orang

60 ☐
じゅうにん

10 คน
sepuluh orang

61

なんにん	A 「<u>なんにん</u>ですか。」
	B 「3にんです。」
กี่คน berapa orang	A : กี่คนครับ / B : 3 คนค่ะ
	A : Berapa orang? / B : Tiga orang.

62

おとな

ผู้ใหญ่
orang dewasa

63

こども

เด็ก
anak-anak

64

おとこの ひと

ผู้ชาย
orang laki-laki, pria

65

おんなの ひと

ผู้หญิง
orang perempuan, wanita

66

おとこのこ

เด็กผู้ชาย
anak laki-laki

67

おんなのこ

เด็กผู้หญิง
anak perempuan

〜から きました

มาจาก 〜 / Berasal dari 〜

---

68 くに

(わたしの) <u>くに</u>は マレーシアです。

ประเทศ
negara, negeri

ประเทศ (ของฉัน) คือมาเลเซีย
Negara saya adalah Malaysia.

---

69 ある

ちゅうごくに ディズニーランドが <u>あり</u>ます。

มี อยู่
ada, punya

ที่จีนมีดิสนีย์แลนด์
Ada Disneyland di Cina.

👉 ある แสดงการมีหรืออยู่ของสิ่งไม่มีชีวิต
ある digunakan untuk menunjukkan keberadaan benda mati atau benda tidak bergerak.

---

70 どちら

A「(お)くには <u>どちら</u>ですか。」
B「ケニアです。」

อันไหน ทางไหน ที่ไหน
mana

A：ประเทศของคุณคือประเทศไหนคะ / B：เคนยาครับ
A：Di mana negara Anda? / B：Kenya.

---

71 〜から きました

(わたしは) アメリカ<u>から きました</u>。

มาจาก 〜
berasal dari 〜

(ฉัน) มาจากอเมริกา
Saya berasal dari Amerika.

---

72 〜じん

わたしは イギリス<u>じん</u>です。

คน 〜 ชาว 〜 (สัญชาติ)
orang 〜

ฉันเป็นคนอังกฤษ
Saya adalah orang Inggris.

---

73 ちず

にほんの <u>ちず</u>は ありますか。

แผนที่
peta

มีแผนที่ประเทศญี่ปุ่นไหม
Apakah Anda punya peta Jepang?

---

74 せかい

<u>せかい</u>の ちずは ありますか。

โลก
dunia

มีแผนที่โลกไหม
Adakah Anda punya peta dunia?

75 にほん

ญี่ปุ่น
Jepang

76 インド

อินเดีย
India

77 インドネシア

อินโดนีเซีย
Indonesia

78 かんこく

เกาหลีใต้
Korea Selatan

79 タイ

ไทย
Thailand

80 たいわん

ไต้หวัน
Taiwan

81 ちゅうごく

จีน
Cina

82 ネパール

เนปาล
Nepal

83 フィリピン

ฟิลิปปินส์
Filipina

84 ベトナム

เวียดนาม
Vietnam

85 マレーシア

มาเลเซีย
Malaysia

86 ミャンマー

เมียนมาร์ พม่า
Myanmar

87 トルコ

ตุรกี
Turki

88 オーストラリア

ออสเตรเลีย
Australia

89 ニュージーランド

นิวซีแลนด์
Selandia Baru

90 アメリカ

สหรัฐอเมริกา
Amerika

91 カナダ

แคนาดา
Kanada

92 メキシコ

เม็กซิโก
Meksiko

93 ブラジル

บราซิล
Brazil

94 ロシア

รัสเซีย
Rusia

95 イギリス

อังกฤษ
Inggris

96 フランス

ฝรั่งเศส
Perancis

97 ドイツ

เยอรมนี
Jerman

98 スイス

สวิสเซอร์แลนด์
Swiss

99 イタリア

อิตาลี
Italia

100 スペイン

สเปน
Spanyol

101 エジプト

อียิปต์
Mesir

102 ケニア

เคนยา
Kenya

ヨーロッパ

アジア

アメリカ

アフリカ

べんきょう

การเรียน / Pelajaran

			単語 No. たんご
Section 1	学校 がっこう	โรงเรียน Sekolah	103 ～ 117
Section 2	かず	ตัวเลข Jumlah	118 ～ 132
Section 3	よう日 び	วันในรอบสัปดาห์ Hari	133 ～ 152
Section 4	ことば	คำศัพท์ Kosakata	153 ～ 171
Section 5	べんきょう	การเรียน Pelajaran	172 ～ 196

学校
がっこう

103 ☐	先生 せんせい	山田さんは にほんご学校の 先生です。 やまだ　　　　　　　　がっこう　　せんせい
	ครู อาจารย์ **guru, dosen**	คุณยามาดะเป็นครูโรงเรียนสอนภาษาญี่ปุ่น Yamada-san adalah guru di sekolah bahasa Jepang.

☞ เมื่อพูดถึงอาชีพของตนเองจะใช้คำว่า きょうし เช่น わたしは にほんごの きょうしです。
(ฉันเป็นครูสอนภาษาญี่ปุ่น)

Ketika membicarakan diri sendiri, gunakan kata きょうし, misalnya dalam kalimat わたしは にほん
ごの きょうしです。(Saya adalah guru bahasa Jepang).

104 ☐	学生 がくせい	おとうとは 学生です。 がくせい
	นักเรียน นักศึกษา **murid, siswa**	น้องชายเป็นนักเรียน Adik laki-laki saya siswa sekolah.

105 ☐	りゅうがくせい	ヒエンさんは ベトナムの りゅうがくせいです。
	นักเรียนต่างชาติ **pelajar asing**	คุณเฮียนเป็นนักเรียนต่างชาติชาวเวียดนาม Hien-san adalah pelajar asing dari Vietnam.

106 ☐	学校 がっこう	学校は 日本に あります。 がっこう　　にほん
	โรงเรียน **sekolah**	โรงเรียนอยู่ที่ญี่ปุ่น Sekolahnya ada di Jepang.

107 ☐	べんきょう〈する〉	にほんごを べんきょうします。
	การเรียน การศึกษา **belajar**	เรียนภาษาญี่ปุ่น Saya belajar bahasa Jepang.

108 ☐	にほんご学校 がっこう	ヒエンさんは にほんご学校の 学生です。 がっこう　　がくせい
	โรงเรียนสอน ภาษาญี่ปุ่น **Sekolah Bahasa Jepang**	คุณเฮียนเป็นนักเรียนโรงเรียนสอนภาษาญี่ปุ่น Hien-san adalah siswa Sekolah Bahasa Jepang.

109 ☐	小学校 しょうがっこう	アリさんは 小学校の 先生です。 しょうがっこう　　せんせい
	โรงเรียนประถม ศึกษา **Sekolah Dasar**	คุณอาลีเป็นครูโรงเรียนประถม Ali-san adalah guru Sekolah Dasar.

110 ☐	中学校 <ruby>ちゅうがっこう</ruby>	トムさんは <u>中学校</u>の 先生です。 <ruby>ちゅうがっこう</ruby> <ruby>せんせい</ruby>
	โรงเรียนมัธยมศึกษา ตอนต้น Sekolah Menengah Pertama	คุณทอมเป็นครูโรงเรียนมัธยมต้น Tom-san adalah guru Sekolah Menengah Pertama.
111 ☐	高校 <ruby>こうこう</ruby>	アメリカの <u>高校</u>で べんきょうします。 <ruby>こうこう</ruby>
	โรงเรียนมัธยมศึกษา ตอนปลาย Sekolah Menengah Atas	เรียนที่โรงเรียนมัธยมปลายของอเมริกา Saya belajar di Sekolah Menengah Atas di Amerika.
112 ☐	大学 <ruby>だいがく</ruby>	スミスさんは <u>大学</u>の 先生です。 <ruby>だいがく</ruby> <ruby>せんせい</ruby>
	มหาวิทยาลัย universitas	คุณสมิทเป็นอาจารย์มหาวิทยาลัย Smith-san adalah dosen universitas.
113 ☐	きょうしつ	先生は きょうしつに います。 <ruby>せんせい</ruby>
	ห้องเรียน ruang kelas	อาจารย์อยู่ที่ห้องเรียน Guru adalah di ruang kelas.
114 ☐	クラス	<u>クラス</u>に りゅうがくせいが います。
	ชั้นเรียน kelas	มีนักเรียนต่างชาติในชั้นเรียน Ada pelajar asing di kelas.
115 ☐	行く <ruby>い</ruby>	学校へ <u>行き</u>ます。 <ruby>がっこう</ruby> <ruby>い</ruby>
	ไป pergi	ไปโรงเรียน Saya pergi ke sekolah.
116 ☐	来る <ruby>く</ruby>	先生が うちへ <u>来</u>ます。 <ruby>せんせい</ruby> <ruby>き</ruby>
	มา datang	อาจารย์มาที่บ้าน Guru saya datang ke rumah saya.
117 ☐	帰る <ruby>かえ</ruby>	うちへ <u>帰り</u>ます。 <ruby>かえ</ruby>
	กลับ (บ้าน) pulang	กลับบ้าน Saya pulang ke rumah.

かず

ตัวเลข / Jumlah

118 ☐
ゼロ

ศูนย์
nol

0

119 ☐
いち

หนึ่ง
satu

1

120 ☐
に

สอง
dua

2

121 ☐
さん

สาม
tiga

3

122 ☐
し／よん

สี่
empat

4

123 ☐
ご

ห้า
lima

5

124 ☐
ろく

หก
enam

6

125 ☐
しち／なな

เจ็ด
tujuh

7

126 ☐
はち

แปด
delapan

8

127 ☐
く／きゅう

เก้า
sembilan

9

128 ☐
じゅう

สิบ
sepuluh

10

129 ☐
じゅういち

สิบเอ็ด
sebelas

11

130 ☐
じゅうに

สิบสอง
dua belas

12

131 ☐

～月
がつ

1月 いちがつ	2月 にがつ	3月 さんがつ	4月 しがつ
เดือนมกราคม Januari	เดือนกุมภาพันธ์ Februari	เดือนมีนาคม Maret	เดือนเมษายน April

5月 ごがつ	6月 ろくがつ	7月 しちがつ	8月 はちがつ
เดือนพฤษภาคม Mei	เดือนมิถุนายน Juni	เดือนกรกฎาคม Juli	เดือนสิงหาคม Agustus

9月 くがつ	10月 じゅうがつ	11月 じゅういちがつ	12月 じゅうにがつ
เดือนกันยายน September	เดือนตุลาคม Oktober	เดือนพฤศจิกายน November	เดือนธันวาคม Desember

---

132 ☐ 何月
なんがつ

เดือนอะไร
Bulan apa?

A「何月ですか。」
なんがつ
B「5月です。」
ごがつ

A：เดือนอะไรคะ / B：เดือนพฤษภาคมครับ
A：Bulan apa? / B：Bulan Mei.

よう日
び

วันในรอบสัปดาห์ / Hari

---

133 ☐
よう日
び

วันในรอบสัปดาห์
hari

---

134 ☐
日よう日
にち　　び
วันอาทิตย์
hari Minggu

135 ☐
月よう日
げつ　　び
วันจันทร์
hari Senin

136 ☐
火よう日
か　　び
วันอังคาร
hari Selasa

137 ☐
水よう日
すい　　び
วันพุธ
hari Rabu

138 ☐
木よう日
もく　　び
วันพฤหัสบดี
hari Kamis

139 ☐
金よう日
きん　　び
วันศุกร์
hari Jumat

140 ☐
土よう日
ど　　び
วันเสาร์
hari Sabtu

---

141 ☐
何よう日
なん　　び

วันอะไร
Hari apa?

A「あしたは 何よう日ですか。」
　　　　　　　なん　び
B「火よう日です。」
　　か　　び

A：พรุ่งนี้เป็นวันอะไรครับ / B：วันอังคารค่ะ
A：Besok hari apa? / B：Hari Selasa.

---

142 ☐
きょう

วันนี้
hari ini

きょうは 月よう日です。
　　　　　げつ　び

วันนี้วันจันทร์
Hari ini adalah hari Senin.

---

143 ☐
あした

พรุ่งนี้
besok

あした、学校へ 行きます。
　　　　がっこう　い

พรุ่งนี้จะไปโรงเรียน
Besok, saya pergi ke sekolah.

---

144 ☐
きのう

เมื่อวาน
kemarin

きのう、大学へ 行きました。
　　　だいがく　い

เมื่อวานไปมหาวิทยาลัยมา
Kemarin, saya pergi ke universitas.

---

145 ☐
まいにち

ทุกวัน
setiap hari

まいにち、にほんごを べんきょうします。

เรียนภาษาญี่ปุ่นทุกวัน
Setiap hari saya belajar bahasa Jepang.

---

146 ☐
～しゅうかん

～ สัปดาห์
～ minggu

アメリカへ 2しゅうかん 行きました。
　　　　　　に　　　　　　い

ไปอเมริกามา 2 สัปดาห์
Saya telah pergi ke Amerika 2 minggu.

---

147 ～か月
げつ

にほんごを 1か月 べんきょうしました。
いっ　げつ

～ เดือน
～ bulan

เรียนภาษาญี่ปุ่นมา 1 เดือน
Saya telah belajar bahasa Jepang 1 bulan.

148 ～年
ねん

かんこくに 5年 いました。
ご　ねん

～ ปี
～ tahun

อยู่ที่เกาหลีใต้มา 5 ปี
Saya berada di Korea Selatan 5 tahun

149 ～かい

1しゅうかんに 3かい コンビニへ 行きます。
い

～ ครั้ง
～ kali

ไปร้านสะดวกซื้อสัปดาห์ละ 3 ครั้ง
Saya pergi ke mini market 3 kali satu minggu.

150 何かい
なん

A「1しゅうかんに 何かい 行きますか。」
なん　　い

B「2かい 行きます。」
に　　い

กี่ครั้ง
berapa kali?

A：ไปสัปดาห์ละกี่ครั้งครับ
B：ไป 2 ครั้งค่ะ
A：Anda pergi berapa kali seminggu?
B：Pergi dua kali.

151 アルバイト〈する〉

土よう日に アルバイトを します。
ど　　び

งานพิเศษ
การทำงานพิเศษ
bekerja paruh waktu

ทำงานพิเศษในวันเสาร์
Saya bekerja paruh waktu pada hari Sabtu.

152 する

日よう日は アルバイトを しません。
にち　　び

ทำ
melakukan

วันอาทิตย์ไม่ทำงานพิเศษ
Saya tidak bekerja paruh waktu pada hari Minggu.

ことば

คำศัพท์ / Kosakata

---

153 ☐ ことば

日本の ことばが わかりません。
<small>に ほん</small>

คำศัพท์ ภาษา
kata, bahasa

ไม่เข้าใจภาษาญี่ปุ่น
Saya tidak mengerti bahasa Jepang.

---

154 ☐ 字
<small>じ</small>

高校で 日本の 字を べんきょうしました。
<small>こうこう</small> <small>に ほん</small> <small>じ</small>

ตัวอักษร
huruf

เรียนตัวอักษรญี่ปุ่นที่โรงเรียนมัธยมปลาย
Saya belajar huruf Jepang di Sekolah Menengah Atas.

---

155 ☐ にほんご

エジプトで にほんごを べんきょうしました。

ภาษาญี่ปุ่น
bahasa Jepang

เรียนภาษาญี่ปุ่นที่อียิปต์
Saya belajar bahasa Jepang di Mesir.

---

156 ☐ 〜ご

えいごで 話して ください。
<small>はな</small>

ภาษา 〜
bahasa 〜

กรุณาพูดเป็นภาษาอังกฤษ
Berbicaralah bahasa Inggris!

---

157 ☐ 話す
<small>はな</small>

先生と にほんごで 話します。
<small>せんせい</small> <small>はな</small>

พูด คุย
berbicara

พูดกับอาจารย์เป็นภาษาญี่ปุ่น
Saya berbicara dengan guru dalam bahasa Jepang.

---

158 ☐ ゆっくり

先生は ゆっくり 話します。
<small>せんせい</small> <small>はな</small>

อย่างช้า ๆ
pelan-pelan,
perlahan-lahan

อาจารย์พูดช้า ๆ
Guru berbicara dengan pelan-pelan.

---

159 ☐ 言う
<small>い</small>

ゆっくり 言って ください。
<small>い</small>

พูด
berkata, ucap

กรุณาพูดช้า ๆ
Ucapkan pelan-pelan!

---

160 ☐ もう いちど

もう いちど 言います。
<small>い</small>

อีกครั้ง
satu kali lagi

จะพูดอีกครั้ง
Saya akan mengucapkan satu kali lagi.

---

161 ☐

おねがいします

もう いちど おねがいします。

ได้โปรด ขอความกรุณา
Saya mohon., Tolong.

โปรดพูดอีกครั้ง
Saya mohon ulangi satu kali lagi.

162 ☐

わかる

ひらがなが わかります。

เข้าใจ รู้
memahami, mengerti

รู้อักษรฮิรางานะ
Saya mengerti huruf hiragana.

163 ☐

少し
すこ

かんじが 少し わかります。

เล็กน้อย นิดหน่อย
sedikit

รู้อักษรคันจินิดหน่อย
Saya mengerti sedikit huruf kanji.

164 ☐

もう 少し
すこ

もう 少し ゆっくり 話してください。
はな

อีกเล็กน้อย อีกนิดหน่อย
sedikit lebih

ช่วยพูดช้ากว่านี้อีกนิด
Berbicaralah sedikit lebih pelan!

165 ☐

よく

よく わかりました。

อย่างดี
benar-benar

เข้าใจดีแล้ว
Saya benar-benar sudah mengerti

166 ☐

だいたい

だいたい わかりました。

ส่วนใหญ่ ส่วนมาก เกือบทั้งหมด
kurang lebih

เข้าใจเกือบทั้งหมด
Saya kurang lebih bisa mengerti.

167 ☐

ぜんぜん

A 「わかりましたか。」

B 「いいえ。ぜんぜん わかりませんでした。」

ไม่...เลย
sama sekali

A : เข้าใจไหมคะ
B : ไม่ครับ ไม่เข้าใจเลยครับ
A : Apakah Anda mengerti?
B : Tidak. Saya sama sekali tidak mengerti.

168 ☐	**169** ☐	**170** ☐	**171** ☐
ひらがな	かたかな	かんじ	ローマ字 じ
อักษรฮิรางานะ	อักษรคาตากานะ	อักษรคันจิ	อักษรโรมัน
huruf hiragana	huruf katakana	huruf kanji	huruf Romawi
にほんご	ニホンゴ	日本語	Nihongo

べんきょう

การเรียน / Pelajaran

172 ☐	読む よ **อ่าน** **membaca**	にほんごの 本を 読みます。 ほん　　よ อ่านหนังสือภาษาญี่ปุ่น Saya membaca buku bahasa Jepang.
173 ☐	本 ほん **หนังสือ** **buku**	ちゅうごくごの 本を 読みました。 ほん　　よ อ่านหนังสือภาษาจีน Saya membaca buku bahasa Cina.
174 ☐	書く か **เขียน** **menulis**	かんじを 書きます。 か เขียนอักษรคันจิ Saya menulis huruf kanji.
175 ☐	聞く き **ฟัง** **mendengarka**	うちで CD を 聞きます。 シーディー　き ฟังซีดีที่บ้าน Saya mendengarkan CD di rumah.
176 ☐	CD シーディー **ซีดี** **Compact Disc, CD**	学校で CD を 聞きました。 がっこう　シーディー　き ฟังซีดีที่โรงเรียน Saya telah mendengarkan CD di sekolah.
177 ☐	しらべる **ค้นหา ตรวจสอบ** **mencari**	じしょで ことばを しらべます。 ค้นหาคำศัพท์ในพจนานุกรม Saya mencari arti kata dengan kamus.
178 ☐	買う か **ซื้อ** **membeli**	きのう、CD を 買いました。 シーディー　か เมื่อวานฉันซื้อซีดี Kemarin saya membeli CD.
179 ☐	じしょ **พจนานุกรม** **kamus**	にほんごの じしょを 買いました。 か ซื้อพจนานุกรมภาษาญี่ปุ่น Saya telah membeli kamus bahasa Jepang.

180 でんしじしょ
でんしじしょで いみを しらべます。
พจนานุกรมอิเล็กทรอนิกส์
kamus elektronik
ค้นหาความหมายในพจนานุกรมอิเล็กทรอนิกส์
Saya mencari arti kata dengan kamus elektronik.

181 いみ
にほんごの いみが わかりません。
ความหมาย
arti
ไม่รู้ความหมายภาษาญี่ปุ่น
Saya tidak mengerti arti bahasa Jepangnya.

182 がんばる
がんばって ください。
พยายาม
bersemangat, berjuang
พยายามเข้านะ
Semangatlah!

183 しゅくだい
きょうは しゅくだいが あります。
การบ้าน
pekerjaan rumah (PR)
วันนี้มีการบ้าน
Hari ini ada pekerjaan rumah.

184 にっき
まいにち、にっきを 書きます。
ไดอารี่ บันทึกประจำวัน
catatan harian
เขียนไดอารี่ทุกวัน
Setiap hari saya menulis catatan harian.

185 レポート
学校で レポートを 書きました。
รายงาน
laporan
เขียนรายงานที่โรงเรียน
Saya menulis laporan di sekolah.

186 としょかん
としょかんで 本を 読みます。
หอสมุด
perpustakaan
อ่านหนังสือที่หอสมุด
Saya membaca buku di perpustakaan.

187 ほんや
ほんやで じしょを 買いました。
ร้านหนังสือ
toko buku
ซื้อพจนานุกรมที่ร้านหนังสือ
Saya telah membeli kamus di toko buku.

188 れんしゅう〈する〉
かんじを れんしゅうします。
การฝึกฝน การฝึกหัด
latihan
ฝึกฝนอักษรคันจิ
Saya latihan huruf kanji.

189 ☐	スピーチ	土よう日に 学校で スピーチを しました。 （ど）（び）（がっこう）
	สุนทรพจน์ **pidato**	เมื่อวันเสาร์ ฉันกล่าวสุนทรพจน์ที่โรงเรียน Saya telah menyampaikan pidato di sekolah pada hari Sabtu.
190 ☐	おぼえる	まいにち、かんじを おぼえます。
	จำ จดจำ **mengingat, menghafal**	จำอักษรคันจิทุกวัน Setiap hari saya menghafal huruf kanji.
191 ☐	わすれる	しゅくだいを わすれました。
	ลืม **lupa**	ลืมการบ้าน Saya lupa mengerjakan pekerjaan rumah.
192 ☐	もんだい	もんだいを 読んで ください。 （よ）
	โจทย์ ปัญหา **soal**	กรุณาอ่านโจทย์ Bacalah soalnya!
193 ☐	れい	れいを 見て ください。 （み）
	ตัวอย่าง **contoh**	กรุณาดูตัวอย่าง Lihatlah contohnya!
194 ☐	こたえ	こたえが わかりません。
	คำตอบ **jawaban**	ไม่รู้คำตอบ Saya tidak mengerti jawabannya.
195 ☐	しつもん〈する〉	先生に しつもんします。 （せんせい）
	การถามคำถาม คำถาม **bertanya**	ถามคำถามอาจารย์ Saya bertanya kepada guru.
196 ☐	けんがく〈する〉	にほんご学校を けんがくしました。 （がっこう）
	การเยี่ยมชม ทัศนศึกษา **melakukan observasi**	ไปเยี่ยมชมโรงเรียนสอนภาษาญี่ปุ่นมา Saya melakukan observasi ke Sekolah Bahasa Jepang.

N5
Chapter
3
しごと

งาน / Pekerjaan

			単語 No. たんご
Section **1**	はたらく	ทำงาน Bekerja	**197 〜 221**
Section **2**	しごと	งาน Pekerjaan	**222 〜 234**
Section **3**	これは 何ですか。 なん	นี่คืออะไร Ini apa?	**235 〜 265**
Section **4**	何こ ありますか。 なん	มีกี่อัน Ada apa?	**266 〜 269**
Section **5**	時間 じ かん	เวลา Waktu	**270 〜 283**

はたらく

ทำงาน / Bekerja

---

197 □ かいしゃ

トヨタは 日本(にほん)の <u>かいしゃ</u>です。

บริษัท
perusahaan

โตโยต้าเป็นบริษัทญี่ปุ่น
Toyota adalah perusahaan Jepang.

---

198 □ ぎんこう

おとうとは <u>ぎんこう</u>で はたらいて います。

ธนาคาร
bank

น้องชายทำงานที่ธนาคาร
Adik laki-laki saya bekerja di bank.

---

199 □ はたらく

まいにち、<u>はたらき</u>ます。

ทำงาน
bekerja

ทำงานทุกวัน
Setiap hari saya bekerja.

---

200 □ 休(やす)む

きのう、かいしゃを <u>休(やす)み</u>ました。

หยุด พัก ลาหยุด
libur, istirahat

เมื่อวานหยุดงาน
Saya kemarin libur kerja.

---

201 □ 休(やす)み

<u>休(やす)み</u>は 土(ど)よう日と 日(にち)よう日です。

วันหยุด
libur, istirahat

วันหยุดคือวันเสาร์กับวันอาทิตย์
Liburnya adalah hari Sabtu dan hari Minggu.

---

202 □ ひる休(やす)み

<u>ひる休(やす)み</u>に しゅくだいを します。

พักกลางวัน
istirahat siang

จะทำการบ้านตอนพักกลางวัน
Saya mengerjakan pekerjaan rumah pada jam istirahat siang.

---

203 □ ひまな

あしたは <u>ひま</u>です。

ว่าง
luang, senggang

พรุ่งนี้ว่าง
Besok saya luang.

---

204 □ いそがしい

まいにち、<u>いそがしい</u>です。

ยุ่ง
sibuk

ยุ่งทุกวันเลย
Saya sibuk setiap hari.

---

197 · 283

205 ☐	ざんぎょう〈する〉	きょうは ざんぎょうします。
	การทำงานล่วงเวลา งานล่วงเวลา lembur	วันนี้จะทำงานล่วงเวลา Hari ini saya lembur.
206 ☐	しゅっちょう〈する〉	フランスへ しゅっちょうします。
	การไปติดต่องาน ต่างจังหวัดหรือ ต่างประเทศ dinas luar	จะไปติดต่องานที่ฝรั่งเศส Saya dinas luar ke Perancis.
207 ☐	じむしょ	じむしょは たいわんに あります。
	สำนักงาน kantor	สำนักงานอยู่ที่ไต้หวัน Kantornya ada di Taiwan.
208 ☐	こうじょう	ちゅうごくに 大きい こうじょうが あります。
	โรงงาน pabrik	มีโรงงานขนาดใหญ่อยู่ที่จีน Di Cina ada pabrik yang besar.
209 ☐	うけつけ	うけつけで 聞いて ください。
	แผนกต้อนรับ แผนกประชาสัมพันธ์ ที่ติดต่อสอบถาม resepsionis	กรุณาสอบถามที่แผนกต้อนรับ Silakan tanya di resepsionis!
210 ☐	かいぎ	きょう、かいぎが あります。
	การประชุม rapat	วันนี้มีประชุม Hari ini ada rapat.
211 ☐	かいぎしつ	山田さんは かいぎしつに います。
	ห้องประชุม ruang rapat	คุณยามาดะอยู่ที่ห้องประชุม Yamada-san ada di ruang rapat.
212 ☐	電話 でんわ	かいぎしつに 電話が ありません。
	โทรศัพท์ telepon	ในห้องประชุมไม่มีโทรศัพท์ Tidak ada telepon di ruang rapat.

213 □ (電話を)かける
でんわ

かいしゃに 電話を かけます。
でんわ

โทรศัพท์ (คำกริยา) / menelepon

โทรไปที่บริษัท
Saya akan menelepon ke perusahaan.

214 □ もしもし

A「もしもし、山田さんですか。」
やまだ
B「はい、そうです。」

ฮัลโหล / Halo

A：ฮัลโหล คุณยามาดะใช่ไหมคะ / B：ครับ ใช่ครับ
A：Halo, apakah ini Yamada-san? / B：Ya, benar.

215 □ 電話ばんごう
でんわ

A「山田さんの 電話ばんごうを しって いますか。」
やまだ　　でんわ

หมายเลขโทรศัพท์
เบอร์โทรศัพท์ / nomor telepon

A：รู้เบอร์โทรศัพท์ของคุณยามาดะไหมคะ
A：Apakah Anda tahu nomor telepon Yamada-san?

216 □ しる

B「いいえ、しりません。」

รู้ รู้จัก / tahu

B：ไม่ค่ะ ไม่รู้
B：Tidak, saya tidak tahu.

217 □ 何ばん
なん

電話ばんごうは 何ばんですか。
でんわ　　　　なん

หมายเลขอะไร เบอร์อะไร
nomor berapa, berapa nomor

เบอร์โทรศัพท์เบอร์อะไร
Berapa nomor teleponnya?

218 □ おしえる

電話ばんごうを おしえて ください。
でんわ

บอก สอน
memberitahu, mengajar

กรุณาบอกเบอร์โทรศัพท์ด้วยค่ะ
Tolong beritahu saya nomor telepon Anda!

219 □ てつだう

父の しごとを てつだいます。
ちち

ช่วย (งาน) / membantu

ช่วยงานพ่อ
Saya membantu pekerjaan ayah.

220 □ つくる

これは 日本の こうじょうで つくりました。
にほん

ทำ ผลิต / membuat

สิ่งนี้ผลิตที่โรงงานญี่ปุ่น
Ini dibuat di pabrik di Jepang.

221 □ やくに たつ

これは やくに たちます。

มีประโยชน์ เป็นประโยชน์
bermanfaat

สิ่งนี้มีประโยชน์
Ini akan bermanfaat.

Section 2

しごと

งาน / Pekerjaan

222 □ しごと

A 「(お)しごとは？」
B 「きょうしです。」

งาน
pekerjaan

A : งานของคุณคืออะไรครับ / B : เป็นครูค่ะ
A : Apa pekerjaan Anda? / B : Guru.

223 □

かいしゃいん

พนักงานบริษัท
karyawan perusahaan

224 □

ぎんこういん

พนักงานธนาคาร
karyawan bank

☞ เมื่อพูดถึงอาชีพของตนเองกับอาชีพของผู้อื่น คำเรียกอาชีพจะแตกต่างกัน
Penyebutan pekerjaan berbeda antara pekerjaan sendiri dan pekerjaan orang lain.

225 □

いしゃ

おいしゃさん

แพทย์ หมอ
dokter

226 □

かんごし

かんごしさん

พยาบาล
perawat medis

227 □

かいごし

かいごしさん

ผู้ดูแลผู้ป่วยหรือผู้สูงอายุ
pramurukti

228 ☐

けいさつかん

おまわりさん

ตำรวจ
polisi

229 ☐

えきいん

えきいんさん

นายสถานีรถไฟ
พนักงานสถานีรถไฟ
petugas stasiun

230 ☐

うんてんしゅ

うんてんしゅさん

พนักงานขับรถ
sopir

231 ☐ しゃちょう

ประธานบริษัท
direktur

232 ☐ ぶちょう

ผู้จัดการฝ่าย
kepala bagian

233 ☐

かちょう

ผู้จัดการแผนก
kepala seksi

234 ☐

しゃいん

พนักงานบริษัท
karyawan perusahaan

これは 何ですか。
<ruby>何<rt>なん</rt></ruby>

นี่คืออะไร / Ini apa?

①

235
□ これ

นี่ สิ่งนี้
ini

これは にほんごの 本です。
<ruby>本<rt>ほん</rt></ruby>

นี่คือหนังสือ
ภาษาญี่ปุ่น
Ini adalah buku
bahasa Jepang.

236
□ それ

นั่น สิ่งนั้น
itu

それは ちゅうごくごの 本です。
<ruby>本<rt>ほん</rt></ruby>

นั่นคือหนังสือภาษาจีน
Itu buku bahasa Cina.

237
□ あれ

โน่น สิ่งโน้น
itu (jauh dari pembicara maupun lawan bicara)

あれは パソコンです。

โน่นคือคอมพิวเตอร์
ส่วนบุคคล
Itu adalah komputer.

238 □ どれ

A 「山田さんの かさは <u>どれ</u>ですか。」
B 「これです。」

อันไหน สิ่งไหน ขึ้นไหน
yang mana

A : ร่มของคุณยามาดะคือคันไหนคะ
B : นี่ครับ
A : Payung Yamada-san yang mana?
B : Ini.

☞ การเลือกใช้ こ・そ・あ มี 2 วิธี
① พิจารณาขอบเขตพื้นที่ บริเวณ เมื่อสนทนากับอีกฝ่าย สิ่งที่อยู่รอบตัวผู้พูดจะชี้ด้วย これ
สิ่งที่อยู่ใกล้ผู้ฟังจะชี้ด้วย それ และสิ่งที่อยู่ไกลจากทั้งผู้พูดและผู้ฟังจะชี้ด้วย あれ
② พิจารณาระยะทาง สิ่งที่อยู่ใกล้ผู้พูดและผู้ฟังจะชี้ด้วย これ สิ่งที่อยู่ห่างจากทั้งคู่ไม่มาก จะชี้ด้วย それ
และสิ่งที่อยู่ไกลจากทั้งคู่มากจะชี้ด้วย あれ

"Ko", "so" dan "a" dapat digunakan dalam dua hal, yaitu:
① Ini berfungsi untuk menjelaskan tempat. Jika Anda berhadapan dengan seseorang, maka tempat di sekitar
Anda adalah "kore", dan tempat di sekitar lawan bicara adalah "sore", dan sesuatu yang berada jauh baik dari
Anda maupun lawan bicara disebut "are".
② Ini berfungsi untuk menjelaskan jarak. Sesuatu yang dekat dengan Anda maupun orang lain disebut "kore",
sesuatu yang cukup jauh dari Anda maupun orang lain disebut "sore" dan sesuatu yang jauh baik dari Anda
maupun orang lain disebt "are".

②

กระเป๋าของอาจารย์คือใบไหนคะ
Tasnya Ibu/Bapak Guru yang mana?

โน่นครับ
Itu.

先生の かばんは <u>どれ</u>ですか。

あれです。

あれ

これ   それ

239 この

山田さんの 本は どれですか。
<ruby>山田<rt>やまだ</rt></ruby>

この 本ですか。
<ruby>本<rt>ほん</rt></ruby>

...นี้
yang ini

หนังสือของคุณยามาดะคือเล่มไหนคะ
หนังสือเล่มนี้ใช่ไหมคะ
Buku milik Yamada-san yang mana?
Apakah buku yang ini?

240 その

その 本ですか。
<ruby>本<rt>ほん</rt></ruby>

...นั้น
yang itu

หนังสือเล่มนั้นใช่ไหมคะ
Apakah buku yang itu?

241 あの

あの 本ですか。
<ruby>本<rt>ほん</rt></ruby>

...โน้น
yang itu (jauh dari
pembicara maupun
lawan bicara)

หนังสือเล่มโน้นใช่ไหมคะ
Apakah buku yang itu?

242 どの

どの 本ですか。
<ruby>本<rt>ほん</rt></ruby>

...ไหน
yang mana

หนังสือเล่มไหนคะ
Buku yang mana?

243 何 なん	A「これは 何 なん ですか。」
	B「本 ほん です。」
อะไร	A：นี่อะไรคะ / B：หนังสือครับ
apa	A：Ini apa? / B：Buku.

244 □
めいし
นามบัตร
kartu nama

245 □
ケータイ
โทรศัพท์มือถือ
telepon genggam

246 □
スマホ
สมาร์ตโฟน
smart phone,
telepon pintar

247 □
でんち
ถ่านไฟฉาย แบตเตอรี่
baterai

248 □
ノート
สมุด
buku catatan

249 □
かみ
กระดาษ
kertas

250 □
てちょう
สมุดบันทึกแบบ
พกติดตัว
buku agenda

251 □
ボールペン
ปากกาลูกลื่น
pulpen

252 □
シャープペンシル
ดินสอกด
pensil mekanik

253 □
えんぴつ
ดินสอ
pensil

254 □
けしごむ
ยางลบ
penghapus

255 □
パンチ
ที่เจาะกระดาษ
alat pelubang
kertas

256 ☐

ホッチキス

ที่เย็บกระดาษ
stapler

257 ☐

セロテープ

สกอตช์เทป
selotip

258 ☐

はさみ

กรรไกร
gunting

259 ☐

はこ

กล่อง
kotak

260 ☐	コンピューター	まいにち、<u>コンピューター</u>を つかいます。
	คอมพิวเตอร์ komputer	ใช้คอมพิวเตอร์ทุกวัน Setiap hari saya memakai komputer.
261 ☐	パソコン	これは あにの <u>パソコン</u>です。
	คอมพิวเตอร์ส่วน บุคคล *personal computer*	นี่เป็นคอมพิวเตอร์ส่วนบุคคลของพี่ชายฉัน Ini adalah *personal computer* milik kakak laki-laki saya.
262 ☐	インターネット	<u>インターネット</u>で 電話ばんごうを しらべます。
	อินเทอร์เน็ต internet	ค้นหาเบอร์โทรศัพท์ทางอินเทอร์เน็ต Saya mencari nomor telepon di internet.
263 ☐	しりょう	これは かいぎの <u>しりょう</u>です。
	ข้อมูล เอกสาร bahan, materi	นี่เป็นข้อมูลสำหรับการประชุม Ini adalah bahan rapat.
264 ☐	きる	はさみで かみを <u>きり</u>ます。
	ตัด memotong	ตัดกระดาษด้วยกรรไกร Saya memotong kertas dengan gunting.
265 ☐	つかう	この はさみを <u>つかって</u> ください。
	ใช้ memakai, menggunakan	กรุณาใช้กรรไกรเล่มนี้ Pakailah gunting ini!

何こ ありますか。
なん

มีกี่อัน / Ada apa?

266 ☐	
何こ なん	A「けしごむが 何こ ありますか。」 なん
	B「10こです。」 じゅっ
กี่อัน กี่ชิ้น กี่ก้อน กี่ลูก berapa buah	A：มียางลบกี่ก้อนครับ / B：10 ก้อนค่ะ
	A：Ada berapa buah penghapus? / B：10 buah.

267 ☐

〜こ

| 1こ
いっ | 2こ
に | 3こ
さん | 4こ
よん | 5こ
ご |

| 6こ
ろっ | 7こ
なな | 8こ
はっ | 9こ
きゅう | 10こ
じゅっ |

268 何だい
なん

ที่เครื่อง berapa unit	A「パソコンが <u>何だい</u> ありますか。」 　　　　　　　なん B「2だい あります。」 　　に A：มีคอมพิวเตอร์ส่วนบุคคลกี่เครื่องครับ B：มี 2 เครื่องค่ะ A：Ada berapa unit komputer? B：10 unit.

269

～だい

1だい いち	2だい に	3だい さん	4だい よん	5だい ご

6だい ろく	7だい なな	8だい はち	9だい きゅう	10だい じゅう

時間
じ かん

เวลา / Waktu

270	何時 なんじ	A「<u>何時</u>ですか。」 　　なん じ B「3時です。」 　　さん じ
	ขี่โมง **jam berapa**	A：กี่โมงคะ / B：3 โมงครับ A：Jam berapa? / B：Jam 3.

271	何分 なんぷん	A「何時<u>何分</u>ですか。」 　　なん じ なんぷん B「6時 20 分です。」 　　ろく じ にじゅっ ぷん
	กี่นาที **berapa menit**	A：กี่โมงกี่นาทีคะ B：6 โมง 20 นาทีครับ A：Jam berapa lewat berapa menit? B：Jam 6 lewat 20 menit.

272 ☐

～時 じ	～ โมง ～ นาฬิกา jam ～

1時 いち じ	2時 に じ	3時 さん じ	4時 よ じ

5時 ご じ	6時 ろく じ	7時 しち じ	8時 はち じ

9時 くじ	10時 じゅうじ	11時 じゅういちじ	12時 じゅうにじ

273 □

～分 ふん	～ นาที ～ menit

1分 いっぷん	2分 にふん	3分 さんぷん	4分 よんぷん
00 : 01	00 : 02	00 : 03	00 : 04

5分 ごふん	6分 ろっぷん	7分 ななふん	8分 はち/はっぷん
00 : 05	00 : 06	00 : 07	00 : 08

9分 きゅうふん	10分 じゅっぷん	11分 じゅういっぷん	12分 じゅうにふん
00 : 09	00 : 10	00 : 11	00 : 12

15分	20分	30分	40分
じゅうご ふん	にじゅっ ぷん	さんじゅっ ぷん	よんじゅっ ぷん
00 : 15	00 : 20	00 : 30	00 : 40

274 ☐

45分	50分	半
よんじゅうご ふん	ごじゅっ ぷん	はん
00 : 45	00 : 50	00 : 30

275 ☐	～ごろ	8時40分ごろ 学校へ 行きます。 はち じ よんじゅっ ぷん　　がっこう　い
	ราว ๆ ～ ประมาณ ～ ช่วง ～ kira-kira ～ , kuang lebih ～	ไปโรงเรียนราว ๆ 8 โมง 40 นาที Saya pergi ke sekolah kira-kira jam 8 lewat 40 menit.
276 ☐	ごぜん	ごぜん 1時です。 いち じ
	ก่อนเที่ยง ช่วงเช้า (a.m.) a.m. (waktu sebelum jam 12 siang)	ตี 1 Jam 01:00 pagi.
277 ☐	ごご	ごご 7時です。 しち じ
	หลังเที่ยง ช่วงบ่าย (p.m.) p.m. (waktu sebelum jam 12 malam)	7 ทุ่ม Jam 19:00 malam.
278 ☐	いま	A「いま、何時ですか。」 なん じ B「2時半です。」 に じ はん
	ตอนนี้ เดี๋ยวนี้ sekarang	A：ตอนนี้กี่โมงคะ B：2 โมงครึ่งครับ A：Sekarang jam berapa? B：Jam setengah tiga. / Jam 2 lewat 30 menit.

279 〜ぐらい

30分<u>ぐらい</u> 休みましょう。
さんじゅっ ぷん　　　やす

ประมาณ 〜
〜 kira-kira, kurang
lebih

หยุดพักประมาณ 30 นาทีกันเถอะ
Mari beristirahat kurang lebih 30 menit!

280 〜時間
　　 じ かん

きのう、1<u>時間</u> べんきょうしました。
　　　 いち じ かん

〜 ชั่วโมง
〜 jam

เมื่อวานเรียนหนังสือ 1 ชั่วโมง
Saya kemarin belajar 1 jam.

281 何時間
なん じ かん

A「まいにち、<u>何時間</u> はたらきますか。」
　　　　　 なん じ かん

B「8<u>時間</u> はたらきます。」
　 はち じ かん

กี่ชั่วโมง
berapa jam

A : ทุกวันทำงานกี่ชั่วโมงคะ
B : ทำงาน 8 ชั่วโมงครับ
A : Anda bekerja berapa jam setiap hari?
B : Saya bekerja 8 jam.

282 〜から

学校は 8時<u>から</u>です。
がっこう　 はち じ

ตั้งแต่ 〜
dari 〜

โรงเรียนเริ่มตั้งแต่ 8 โมง
Sekolah dari jam 8.

283 〜まで

かいしゃは 9時から 5時<u>まで</u>です。
　　　　　　 く じ　　 ご じ

ถึง 〜
sampai 〜

บริษัทเริ่มตั้งแต่ 9 โมงถึง 5 โมง
Perusahaan dari jam 9 sampai jam 5.

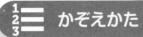

การนับสิ่งต่าง ๆ ในภาษาญี่ปุ่นมีหลายแบบ ถ้าลักษณนามที่ตามหลังตัวเลขขึ้นต้นด้วยเสียง "b" "m" "d" "g" จะไม่มีการเปลี่ยนแปลงใด ๆ แต่ถ้าลักษณนามที่ตามหลังตัวเลขขึ้นต้นด้วยเสียง "t" "s" "k" "h" จะมีการเปลี่ยนแปลงหลาย ประการ

Ada berbagai cara untuk menghitung dalam bahasa Jepang. Tidak ada perubahan jika kata bantu bilangan mengikuti angka yang dimulai dengan konsonan bersuara, seperti "b" "m" "d" dan "g". Dan ada banyak perubahan jika kata bantu bilangan dimulai dengan konsonan bersuara, seperti "t" "s" "k" dan "h".

▶ [b][m][d][g] などで はじまる れい

	อันดับ ลำดับ nomor ～ ～番	สิ่งที่มีลักษณะแบนและบาง lembar ～ ～枚	เครื่องจักร เครื่องยนต์ unit ～ ～台
1	いちばん	いちまい	いちだい
2	にばん	にまい	にだい
3	さんばん	さんまい	さんだい
4	よんばん	よんまい	よんだい
5	ごばん	ごまい	ごだい
6	ろくばん	ろくまい	ろくだい
7	ななばん	ななまい	ななだい
8	はちばん	はちまい	はちだい
9	きゅうばん	きゅうまい	きゅうだい
10	じゅうばん	じゅうまい	じゅうだい
?	なんばん	なんまい	なんだい

▶ [t][s][k][h] などで はじまる れい

	หนังสือ สมุด jilid ～ ～冊	จำนวนครั้ง kali ～ ～回	สิ่งที่เรียวและยาว batang ～ ～本	เครื่องดื่ม ฯลฯ ในภาชนะ ～ cangkir, ～ gelas ～杯
1	いっさつ	いっかい	いっぽん	いっぱい
2	にさつ	にかい	にほん	にはい
3	さんさつ	さんかい	さんぼん	さんばい
4	よんさつ	よんかい	よんほん	よんはい
5	ごさつ	ごかい	ごほん	ごはい
6	ろくさつ	ろっかい	ろっぽん	ろっぱい
7	ななさつ	ななかい	ななほん	ななはい
8	はっさつ	はっかい	はっぽん	はっぱい
9	きゅうさつ	きゅうかい	きゅうほん	きゅうはい
10	じゅっさつ	じゅっかい	じゅっぽん	じゅっぱい
?	なんさつ	なんかい	なんぼん	なんばい

N5
Chapter
4

友だち
とも

เพื่อน / Teman

単語 No.
たんご

Section 1	どんな 人？ひと	เป็นคนอย่างไร Orang yang bagaimana?	284 ～ 305
Section 2	シャツを きて います。 ใส่เสื้อเชิ้ต / Mengenakan Jas		306 ～ 324
Section 3	スカートを はきます。 สวมกระโปรง / Mengenakan Rok		325 ～ 343
Section 4	あそぶ	เล่น เที่ยวเล่น Bermain	344 ～ 365
Section 5	町まち	เมือง Kota	366 ～ 393

どんな 人(ひと)？

เป็นคนอย่างไร / Orang yang bagaimana?

284 ☐	友(とも)だち	友(とも)だちと よこはまへ 行(い)きます。
	เพื่อน teman	ไปโยโกฮาม่ากับเพื่อน Saya pergi ke Yokohama dengan teman.
285 ☐	どんな	A「スミスさんは どんな 人(ひと)ですか。」
	อย่างไร แบบไหน yang bagaimana	A : คุณสมิทเป็นคนอย่างไร A : Smith-san orang yang bagaimana?
286 ☐	人(ひと)	B「しんせつな 人(ひと)です。」
	คน orang	B : เป็นคนมีน้ำใจ B : Orang yang ramah.
287 ☐	しんせつな	スミスさんは しんせつです。
	มีน้ำใจ โอบอ้อมอารี ramah	คุณสมิทมีน้ำใจ Smith-san orang yang ramah.
288 ☐	みんな	友(とも)だちは みんな しんせつです。
	ทั้งหมด ทุกคน semua	เพื่อน ๆ มีน้ำใจกันทุกคน Semua teman saya ramah.
289 ☐	元気(げんき)な	スミスさんの おばあさんは 元気(げんき)です。
	แข็งแรง สดชื่น สบายดี sehat, energik	คุณยายของคุณสมิทสบายดี Neneknya Smith-san sehat.
290 ☐	きれいな	① ハインさんは きれいな 人(ひと)です。 ② この 学校(がっこう)は きれいです。
	สวยงาม สะอาด cantik, indah, rapi	① คุณไฮน์เป็นคนสวย ② โรงเรียนนี้สะอาด ① Hein-san orang yang cantik. ② Sekolah ini rapi.

☞ ① สวยงาม ② สะอาด เป็นระเบียบ
　 ① cantik ② bersih, rapi

291 ハンサムな | ホアンさんは ハンサムです。

หล่อ | คุณฮวงหล่อ
tampan | Huang-san tampan.

292 かわいい | ララちゃんは かわいいです。

น่ารัก | หนูลาร่าน่ารัก
lucu, cantik | Lara-chan lucu.

293 かっこいい | ジョンさんは かっこいいです。

เท่ ดูดี มีเสน่ห์ | คุณจอห์นเท่
keren | John-san keren.

294 あたまが いい | 山田さんは あたまが いいです。
　　　　　　　　　　　やまだ

หัวดี ฉลาด | คุณยามาดะฉลาด
cerdas | Yamada-san cerdas.

295 やさしい | ハインさんは やさしいです。

ใจดี | คุณไฮน์ใจดี
baik hati | Hein-san baik hati.

296 ユーモア | 山田さんは ユーモアが あります。
　　　　　　　　　やまだ

อารมณ์ขัน | คุณยามาดะมีอารมณ์ขัน
rasa humor | Yamada-san punya rasa humor.

297 せ | ホアンさんは せが 高いです。
　　　　　　　　　　　　　　たか

ส่วนสูง | คุณฮวงตัวสูง
tinggi badan | Huang-san badannya tinggi.

298 高い | ホアンさんは 山田さんより せが 高いです。
　　たか　　　　　　　　　　　やまだ　　　　　　　たか

สูง แพง | คุณฮวงตัวสูงกว่าคุณยามาดะ
tinggi | Huang-san badannya lebih tinggi dari pada Yamada-san.

299 ひくい | わたしは せが ひくいです。

ต่ำ เตี้ย | ฉันตัวเตี้ย
pendek, rendah | Saya badannya pendek.

300 ☐	目 <small>め</small>	ララちゃんは <u>目</u>が 大きいです。 <small>め　　　　おお</small>
	ดวงตา **mata**	หนูลาร่าตาโต Lara-chan matanya besar.
301 ☐	大きい <small>おお</small>	<u>大きい</u> 犬が います。 <small>おお　　　いぬ</small>
	ใหญ่ **besar**	มีสุนัขตัวใหญ่ Ada anjing besar.
302 ☐	小さい <small>ちい</small>	わたしの カメラは <u>小さい</u>です。 <small>ちい</small>
	เล็ก **kecil**	กล้องถ่ายรูปของฉันเล็ก Kamera saya kecil.
303 ☐	かみ	きのう、<u>かみ</u>を きりました。
	ผม **rambut**	เมื่อวานตัดผม Kemarin saya potong rambut.
304 ☐	長い <small>なが</small>	ハインさんは かみが <u>長い</u>です。 <small>なが</small>
	ยาว **panjang**	คุณไฮน์ผมยาว Hein-san rambutnya panjang.
305 ☐	みじかい	ララちゃんは かみが <u>みじかい</u>です。
	สั้น **pendek**	หนูลาร่าผมสั้น Lara-chan rambutnya pendek.

シャツを きて います。

ใส่เสื้อเชิ้ต / Mengenakan Jas

---

306 ふく

きのう、ふくを 買いました。

เสื้อผ้า
pakaian

เมื่อวานฉันซื้อเสื้อผ้า
Saya kemarin membeli pakaian.

---

307 サイズ

大きい サイズが ありません。

ไซส์ ขนาด
ukuran

ไม่มีไซส์ใหญ่
Tidak ada ukuran besar.

---

308 すてきな

かっこいい シャツですね。すてきです。

วิเศษ ยอดเยี่ยม ดูดี
Bagus

เสื้อเชิ้ตเท่จังเลยนะคะ ดูดีมากค่ะ
Kemejanya keren ya. Bagus.

---

309 デザイン

すてきな デザインですね。

ดีไซน์ การออกแบบ
desain

ดีไซน์เยี่ยมมากเลยนะคะ
Desain yang bagus ya.

---

310 きる

うわぎを きます。

สวม ใส่ (เสื้อ)
mengenakan

สวมเสื้อคลุมตัวนอก
Saya mengenakan pakaian luaran.

---

311 ぬぐ

・コートを ぬぎます。　・くつを ぬぎます。

ถอด
melepas pakaian

ถอดเสื้อโค้ท / ถอดรองเท้า
Melepas mantel hangat. / Melepas sepatu.

---

312 あかい

あかい コートを 買いました。

สีแดง
merah

ซื้อเสื้อโค้ทสีแดง
Saya telah membeli mantel hangat merah.

---

313 あおい

あおい シャツを きて います。

สีน้ำเงิน
biru

ใส่เสื้อเชิ้ตสีน้ำเงิน
Saya mengenakan kemeja biru.

---

314 しろい

しろい スーツを 買いたいです。

| สีขาว | อยากซื้อสูทสีขาว |
| putih | Saya ingin membeli jas putih. |

315 くろい

くろい セーターを きます。

| สีดำ | สวมเสื้อสเวตเตอร์สีดำ |
| hitam | Saya mengenakan sweter hitam. |

316 きいろい

きいろい ふくを 買います。

| สีเหลือง | จะซื้อเสื้อผ้าสีเหลือง |
| kuning | Saya membeli pakaian kuning. |

317 いろいろな

いろいろな ぼうしを もって います。

| หลากหลาย ต่าง ๆ นานา | ฉันมีหมวกหลายแบบ |
| bermacam-macam | Saya punya bermacam-macam topi. |

318 □ シャツ

เสื้อเชิ้ต
kemeja

319 □ セーター

เสื้อสเวตเตอร์
sweter

320 □ コート

เสื้อโค้ท
mantel hangat

321 □ スーツ

ชุดสูท
jas

322 □ うわぎ

เสื้อคลุมตัวนอก เสื้อแจ็กเกต เสื้อสูท
pakain luaran

323 □ したぎ

ชุดชั้นใน
pakain dalam

324 □ きもの

ชุดกิโมโน
kimono, pakain tradisional Jepang

スカートを はきます。

สวมกระโปรง / Mengenakan Rok

325

はく

สวม ใส่ (กระโปรง
กางเกง รองเท้า)
mengenakan (pakaian
bawahan atau alas
kaki)

くろい スカートを <u>はき</u>ます。

สวมกระโปรงสีดำ
Saya mengenakan rok hitam.

きる ใช้กับการสวมใส่เสื้อผ้าที่อยู่เหนือเอวขึ้นไป ส่วน はく ใช้กับการสวมใส่เสื้อผ้า
หรือเครื่องแต่งกายตั้งแต่เอวลงมา

きる digunakan untuk mengenakan pakaian di atas pinggang, dan はく digunakan untuk mengenakan
pakaian di bawah pinggang.

326

ズボン

กางเกง
celana panjang

327

ジーンズ

ยีนส์
celana jin

328

パンツ

กางเกง
celana dalam pria

329

スカート

กระโปรง
rok

330

くつ

รองเท้า
sepatu

331

くつした

ถุงเท้า
kaus kaki

332 ☐ かぶる	くろい ぼうしを <u>かぶり</u>ます。
สวม (หมวก) mengenakan tutup kepala	สวมหมวกสีดำ Mengenakan topi hitam.

333 ☐

ぼうし

หมวก
topi

334 ☐ （めがねを） かける	めがねを <u>かけ</u>ます。
สวม ใส่ (แว่นตา) memakai (kacamata)	ใส่แว่นตา Saya memakai kacamata.

335 ☐

めがね

แว่นตา
kacamata

336 ☐

サングラス

แว่นกันแดด
kacamata hitam

337 □

(ゆびわを)する	きれいな ゆびわを <u>し</u>ます。
สวม ใส่ (แหวน)	สวมแหวนวงสวย
memakai (cincin)	Saya memakai cincin yang indah.

338 □

ネクタイ

เนกไท
dasi

339 □

ゆびわ

แหวน
cincin

340 □

とけい

นาฬิกา
arloji

341 □

もつ	A 「かばんを <u>もち</u>ましょうか。」
	B 「はい、ありがとうございます。」
ถือ	A：ช่วยถือกระเป๋าเอาไหมครับ / B：ค่ะ ขอบคุณค่ะ
membawa	A：Bagaimana kalau saya bawakan tas Anda?
	B：Baiklah, terima kasih.

342 □

かばん

กระเป๋า
tas

343 □

さいふ

กระเป๋าสตางค์
dompet

あそぶ

เล่น เที่ยวเล่น / Bermain

344
☐

あそぶ	・日よう日に 子どもと <u>あそび</u>ました。 ・しんじゅくへ <u>あそび</u>に 行きます。
เล่น เที่ยวเล่น **bermain**	เล่นกับลูกในวันอาทิตย์ จะไปเที่ยวที่ชินจุกุ Saya bermain dengan anak saya pada hari Minggu. Saya pergi bermain ke Shinjuku.

345
☐

あんない〈する〉	きょうとを <u>あんない</u>します。
การนำทาง การพาชม **การพาเที่ยว** **memandu**	จะพาเที่ยวเกียวโต Saya akan memandu Anda di Kyoto.

346
☐

むかえる	なりたへ 父を <u>むかえ</u>に 行きます。
รับ (ผู้ที่เดินทางมา) **menjemput**	จะไปรับพ่อที่นาริตะ Saya pergi untuk menjemput ayah ke bandara Narita.

347
☐

つれていく	子どもを どうぶつえんへ <u>つれていき</u>ました。
พาไป **mengajak pergi**	พาลูกไปสวนสัตว์มา Saya mengajak pergi anak saya ke kebun binatang.

348
☐

つれてくる	おとうとが うちへ 友だちを <u>つれてき</u>ました。
พามา **mengajak datang**	น้องชายพาเพื่อนมาบ้าน Adik laki-laki saya mengajak datang temannya ke rumah.

349
☐

どうぶつ	いろいろな <u>どうぶつ</u>を 見ました。
สัตว์ **binatang**	ได้ดูสัตว์ต่าง ๆ Saya melihat bermacam-macam binatang.

350
☐

どうぶつえん	子どもと <u>どうぶつえん</u>へ 行きました。
สวนสัตว์ **kebun binatang**	ไปสวนสัตว์กับลูก Saya telah pergi ke kebun binatang dengan anak saya.

351 ☐	パンダ	うえのどうぶつえんに <u>パンダ</u>が いました。
	แพนด้า panda	ที่สวนสัตว์อุเอโนะมีแพนด้า Ada panda di kebun binatang Ueno.
352 ☐	ぞう	タイで <u>ぞう</u>を 見ました。
	ช้าง gajah	ได้ดูช้างที่เมืองไทย Saya melihat gajah di Thailand.
353 ☐	うま	<u>うま</u>を 見たいです。
	ม้า kuda	ฉันอยากดูม้า Saya ingin melihat kuda.
354 ☐	[お]まつり	あさくさで <u>おまつり</u>が あります。
	งานเทศกาล festival, perayaan	มีงานเทศกาลที่อาซากุสะ Ada festival di Asakusa.
355 ☐	[お]てら	かまくらに <u>おてら</u>が あります。
	วัด kuil Budha	ที่คามาคุระมีวัด Ada kuil Budha di Kamakura.
356 ☐	じんじゃ	きょうとで <u>じんじゃ</u>へ 行きました。
	ศาลเจ้า kuil Shinto	ไปศาลเจ้าที่เกียวโตมา Saya pergi ke kuil Shinto di Kyoto.
357 ☐	りょこう〈する〉	休みに <u>りょこう</u>を します。
	การท่องเที่ยว berwisata	ช่วงวันหยุดจะไปท่องเที่ยว Saya akan berwisata pada saat libur.
358 ☐	じゅんび〈する〉	りょこうの <u>じゅんび</u>を します。
	การเตรียม bersiap-siap	เตรียมตัวเดินทางท่องเที่ยว Saya bersiap-siap untuk berwisata.
359 ☐	よやく〈する〉	ホテルを <u>よやく</u>します。
	การจอง melakukan reservasi, memesan	จองโรงแรม Saya akan memesan hotel.

360	ホテル	<u>ホテル</u>に 電話を かけます。 でんわ
☐	**โรงแรม** hotel	โทรศัพท์ไปที่โรงแรม Saya akan menelepon hotel.
361	とまる	きれいな ホテルに <u>とまり</u>たいです。
☐	**พักแรม** menginap	อยากพักในโรงแรมสวย ๆ Saya ingin menginap di hotel yang indah.
362	ロビー	<u>ロビー</u>に 電話が あります。 でんわ
☐	**ล็อบบี้** lobi	มีโทรศัพท์อยู่ที่ล็อบบี้ Ada telepon di lobi.
363	おみやげ	かぞくに <u>おみやげ</u>を 買います。 か
☐	**ของฝาก ของที่ระลึก** oleh-oleh	ซื้อของฝากสำหรับครอบครัว Saya akan membeli oleh-oleh untuk keluarga saya.
364	サービス	ホテルは <u>サービス</u>が いいです。
☐	**บริการ** pelayanan	โรงแรมบริการดี Pelayanan hotelnya bagus.
365	ホームステイ〈する〉	アメリカで <u>ホームステイし</u>ました。
☐	**การโฮมสเตย์** *home stay*, tinggal bersama pada keluarga orang lain	ไปโฮมสเตย์ที่อเมริกามา Saya telah mengikuti *home stay* di Amerika.

町
まち

เมือง / Kota

---

366 町
まち

เมือง
kota

しぶやは とうきょうの 町です。
まち

ชิบุยะเป็นเมืองในโตเกียว
Shibuya adalah kota di Tokyo.

---

367 けん

จังหวัด
provinsi, prefektur

ディズニーランド は ちばけんに あります。

ดิสนีย์แลนด์อยู่ในจังหวัดชิบะ
Disneyland ada di provinsi Chiba.

---

368 □

とうきょう

Tokyo

369 □

なりた

Narita

370 □

うえの

Ueno

371 □

あさくさ

Asakusa

372 □

しんじゅく

Shinjuku

373 □

あきはばら

Akihabara

374 □

しぶや

Shibuya

375 □

ぎんざ

Ginza

376 □

はねだ

Haneda

377 □

よこはま

Yokohama

378 □

かまくら

Kamakura

379 ☐ ほっかいどう

Hokkaido

380 ☐ さっぽろ

Sapporo

381 ☐ せんだい

Sendai

382 ☐ にっこう

Nikko

383 ☐ ふじさん

Mt. Fuji

384 ☐ かなざわ

Kanazawa

385 ☐ なごや

Nagoya

386 ☐ きょうと

Kyoto

387 ☐ なら

Nara

388 ☐ おおさか

Osaka

389 ☐ こうべ

Kobe

390 ☐ ひろしま

Hiroshima

391 ☐ ふくおか

Fukuoka

392 ☐ ながさき

Nagasaki

393 ☐ おきなわ

Okinawa

N5
Chapter
5
きょうの ごはん
อาหารวันนี้ / Menu makan hari ini

			単語 No. たんご
Section 1	あさ・よる	ตอนเช้า・ตอนกลางคืน Pagi・Malam	394 ～ 418
Section 2	食べる・飲む た　　の	กิน・ดื่ม Makan・Minum	419 ～ 459
Section 3	りょうり	อาหาร Masakan	460 ～ 482
Section 4	レストラン	ร้านอาหาร Restoran	483 ～ 503
Section 5	どうですか。	เป็นอย่างไร Bagaimana?	504 ～ 518

Section 1

あさ・よる

ตอนเช้า · ตอนกลางคืน / Pagi · Malam

394	あさ	<u>あさ</u>、6時に おきます。 ろくじ
	ตอนเช้า pagi	ตอนเช้าตื่นนอนตอน 6 โมง Saya bangun jam 6 pagi.
395	ひる	<u>ひる</u>、しごとを します。
	ตอนกลางวัน siang	ตอนกลางวันทำงาน Saya siang bekerja.
396	よる	<u>よる</u>、本を 読みます。 ほん よ
	ตอนกลางคืน ตอนค่ำ malam	ตอนค่ำอ่านหนังสือ Saya malam membaca buku.
397	まいあさ	<u>まいあさ</u>、CDを 聞きます。 シーディー き
	ทุกเช้า setiap pagi	ฟังซีดีทุกเช้า Saya mendengarkan CD setiap pagi.
398	まいばん	<u>まいばん</u>、べんきょうを しています。
	ทุกคืน setiap malam	ดูหนังสือทุกคืน Saya belajar setiap malam.
399	けさ	<u>けさ</u>、友だちに 電話を かけました。 とも でんわ
	เมื่อเช้า tadi pagi	เมื่อเช้าโทรศัพท์ไปหาเพื่อน Saya menelepon teman tadi pagi.
400	こんばん	<u>こんばん</u>、ホテルに とまります。
	เย็นนี้ คืนนี้ malam ini	คืนนี้จะพักที่โรงแรม Malam ini saya akan menginap di hotel.
401	おきる	まいあさ、7時に <u>おきます</u>。 しちじ
	ตื่นนอน bangun	ทุกเช้าตื่นนอนตอน 7 โมง Saya bangun jam 7 setiap pagi.

402 ねる	まいばん、11時ごろ ねます。
นอน เข้านอน tidur	ทุกคืนเข้านอนตอน 11 ทุ่ม Saya tidur jam 11 setiap malam.

403 見る	テレビを ぜんぜん 見ません。
ดู มอง melihat, menonton	ไม่ดูโทรทัศน์เลย Saya sama sekali tidak menonton televisi.

404 ニュース	きのう、ニュースを 見ました。
ข่าว berita	เมื่อวานดูรายการข่าว Saya kemarin menonton berita.

405 ラジオ	よる、ラジオの ニュースを 聞きます。
วิทยุ radio	ตอนค่ำฟังข่าวทางวิทยุ Malam hari, saya menyimak berita di radio.

406 テレビ	うちに テレビは ありません。
โทรทัศน์ televisi	ที่บ้านไม่มีโทรทัศน์ Di rumah saya tidak ada televisi.

407 はやい	A「けさ、5時に おきました。」 B「はやいですね。」
เช้า แต่เช้า cepat, dini	A : เมื่อเช้าฉันตื่นนอนตอนตี 5 / B : ตื่นเช้าจังนะครับ A : Tadi pagi saya bangun jam 6. B : Wah, dini sekali.

408 はやい	A「とうきょうから おおさかまで 2時間半です。」 B「はやいですね。」
เร็ว cepat	A : จากโตเกียวไปโอซาก้าใช้เวลา 2 ชั่วโมงครึ่ง B : เร็วจังเลยนะครับ A : Dari Tokyo sampai Osaka 2,5 jam. B : Wah, cepat ya.

409 おそい	A「まいばん、1時ごろ ねます。」 B「おそいですね。」
สาย ดึก lambat, tidurnya larut	A : ทุกคืนฉันเข้านอนราว ๆ ตี 1 / B : ดึกจังเลยนะครับ A : Setiap malam saya tidur kira-kira jam 1. B : Wahh tidurnya larut ya.

410 かがみ

かがみで かおを 見ます。

กระจกเงา
cermin

ส่องดูหน้าในกระจก
Saya melihat wajah saya di cermin.

411 かお

ใบหน้า
wajah, muka

412 あらう

あさ、かおを あらいます。

ล้าง
mencuci,
membasuh

ตอนเช้าล้างหน้า
Saya membasuh muka di pagi
hari.

413 [お]ふろ

อ่างอาบน้ำ
bak berendam

414 入る

おふろに 入ります。

เข้า
masuk

อาบน้ำ
Saya berendam di bak.

415 シャワー

ฝักบัวสำหรับอาบน้ำ
shower, pancuran
untuk mandi

416 あびる

シャワーを あびます。

อาบ อาบน้ำ
mandi

อาบน้ำ (ฝักบัว)
Mandi menggunakan shower.

417 は

ฟัน
gigi

418 みがく

はを みがきます。

แปรง ขัด
menggosok

แปรงฟัน
Saya menggosok gigi.

食べる・飲む
たべる・のむ

กิน · ดื่ม / Makan · Minum

---

419 食べる
た

กิน
makan

学校で ひるごはんを 食べます。
がっこう　　　　　　　　　　た

กินอาหารกลางวันที่โรงเรียน
Saya makan siang di sekolah.

---

420 食べ物
た　もの

ของกิน อาหาร
makanan

これは ベトナムの 食べ物です。
た　もの

นี่เป็นอาหารเวียดนาม
Ini adalah makanan Vietnam.

---

421 あさごはん

อาหารเช้า
makan pagi, sarapan

7時に あさごはんを 食べます。
しちじ　　　　　　　　　た

กินอาหารเช้าตอน 7 โมง
Saya makan pagi jam 7.

---

422 ひるごはん

อาหารกลางวัน
makan siang

12時に ひるごはんを 食べます。
じゅうにじ　　　　　　　　た

กินอาหารกลางวันตอนเที่ยง
Saya makan siang jam 12.

---

423 ばんごはん

อาหารเย็น
makan malam

友だちと ばんごはんを 食べました。
とも　　　　　　　　　　　た

กินอาหารเย็นกับเพื่อน
Saya makan malam dengan teman.

---

424 たくさん

มาก
banyak

パンを たくさん 食べました。
た

กินขนมปังไปมาก
Saya makan banyak roti.

---

425 スーパー

ซูเปอร์มาร์เกต
pasar swalayan.

スーパーで 肉を 買います。
にく　か

ซื้อเนื้อสัตว์ที่ซูเปอร์มาร์เกต
Saya akan membeli daging di pasar swalayan.

426 ☐
肉
にく

เนื้อสัตว์
daging

427 ☐
ぎゅう肉
にく

เนื้อวัว
daging sapi

428 ☐
ぶた肉
にく

เนื้อหมู
daging babi

429 ☐
とり肉
にく

เนื้อไก่
daging ayam

430 ☐
魚
さかな

ปลา
ikan

431 ☐
たまご

ไข่
telur

432 ☐
やさい

ผัก
sayur

433 ☐
くだもの

ผลไม้
buah

434 ☐
バナナ

กล้วย
pisang

435 ☐
りんご

แอปเปิล
apel

436 ☐
レモン

มะนาว
lemon

437 ☐
みかん

ส้ม
jeruk

438 ☐
パン

ขนมปัง
roti

439 ☐
[お]かし

ขนม
kue, kudapan

440 ☐
チョコレート

ช็อกโกแลต
cokelat

441 飲む
の

飲みます。
水を
みず の

ดื่ม
minum

ดื่มน้ำ
Minum air.

442 飲み物
の もの

A「飲み物は 何が いいですか。」
の もの なに

B「コーヒーを おねがいします。」

เครื่องดื่ม
minuman

A : จะรับเครื่องดื่มอะไรดีครับ / B : ขอกาแฟค่ะ
A : Anda ingin minum apa? / B : Saya minta kopi.

443 水
みず

つめたい 水が 飲みたいです。
みず の

น้ำ
air

อยากดื่มน้ำเย็น
Saya ingin minum air dingin.

444 [お]ゆ

カップに おゆを 入れます。
い

น้ำร้อน
air panas, air hangat

ใส่น้ำร้อนในถ้วย
Saya menuangkan air panas ke dalam gelas.

445 つめたい

つめたい ジュースが 飲みたいです。
の

เย็น
dingin

อยากดื่มน้ำผลไม้เย็น ๆ
Saya ingin minum jus yang dingin.

446 ～が いい

A「コーヒーと こうちゃと どちらが いいですか。」

B「こうちゃが いいです。」

ต้องการ ~ ดีกว่า
mana yang Anda suka/
mau?

A : กาแฟกับชาฝรั่ง จะรับอะไรดีครับ / B : ขอชาฝรั่งค่ะ
A : Mana yang Anda suka, kopi atau teh?
B : Saya pilih teh.

👉 @ 525 どちら / merujuk pada 525 どちら (hlm. 86)

447 入れる
い

・こうちゃに ミルクを 入れます。
い

・かばんに 本を 入れます。
ほん い

ใส่
memasukkan, mengisi,
menuangkan

ใส่นมในชาฝรั่ง / ใส่หนังสือในกระเป๋า
Saya menuangkan susu ke dalam teh. /
Saya memasukkan buku ke dalam tas.

448 ミルク

コーヒーに ミルクを 入れます。
い

นม
susu

ใส่นมในกาแฟ
Saya menuangkan susu ke dalam kopi.

449

じどうはんばいき

じどうはんばいきで 飲み物を 買います。
の もの か

เครื่องจำ หน่ายสินค้าอัตโนมัติ
ตู้ขายของ อัตโนมัติ
mesin penjual otomatis

ซื้อเครื่องดื่มที่ตู้ขายของอัตโนมัติ
Saya membeli minuman di mesin penjual otomatis.

450

ぎゅうにゅう

นมวัว นมสด
susu sapi

451

ジュース

น้ำผลไม้
jus

452

コーヒー

กาแฟ
kopi

453

こうちゃ

ชาฝรั่ง
teh

454

おちゃ

น้ำชา
teh hijau

455

[お]さけ

เหล้า เหล้าสาเก
ญี่ปุ่น
sake

456

ビール

เบียร์
bir

457

ワイン

ไวน์
minuman anggur

458

カップ

ถ้วย (กาแฟ)
cangkir

459

コップ

แก้วน้ำ
gelas

460

りょうり	これは 日本の りょうりです。 にほん
อาหาร masakan	นี่เป็นอาหารญี่ปุ่น Ini adalah masakan Jepang.

394 - 518

461

ごはん

ข้าวสวย
nasi

462

サンドイッチ

แซนด์วิช
sandwich

463

おにぎり

โอนิงิริ ข้าวปั้น
nasi kepal

464

[お]べんとう

ข้าวกล่อง อาหารกล่อง
bekal makanan

465

ラーメン

ราเมน
mie ramen

466

パスタ

พาสตา
pasta

467 ☐

うどん

อุด้ง
mie udon

468 ☐

そば

โซบะ
mie soba

469 ☐

てんぷら

เทมปุระ
tempura, sayuran atau seafood
yang digoreng dengan tepung

470 ☐

すきやき

สุกียากี้ (สุกี้แบบญี่ปุ่น)
sukiyaki adalah makanan
dari daging dan sayuran

471 ☐

さしみ

ซาชิมิ ปลาดิบ
irisan ikan mentah

472 ☐

カレーライス

ข้าวราดแกงกะหรี่ญี่ปุ่น
nasi kari

473 ☐

ぎゅうどん

ข้าวหน้าเนื้อวัว
nasi dengan daging
disajikan dalam mangkok

474 ☐

[お]すし

ซูชิ
sushi

475 ☐

ケーキ

เค้ก
kue

476 ☐

アイスクリーム

ไอศกรีม
es krim

---

477 ☐

とる	さとうを <u>とって</u> ください。
หยิบ	ช่วยหยิบน้ำตาลให้หน่อยค่ะ
mengambil	Tolong ambil gula!

---

478 ☐

さとう

น้ำตาล
gula

479 ☐

しお

เกลือ
garam

480 ☐

しょうゆ

โชยุ (ซีอิ๊วญี่ปุ่น)
kecap asin

481 ☐

ニョクマム

เนื้อกมั้ม (น้ำ
ปลา เวียดนาม)
saus ikan
Vietnam

482 ☐

ナンプラー

น้ำปลา (น้ำปลา
ไทย)
saus ikan
Thailand

👉 ニョクマム เป็นน้ำปลาของเวียดนาม ナンプラー เป็นน้ำปลาไทย

　ニョクマム adalah saus ikan khas Vietnam ナンプラー adalah saus ikan khas Thailand.

レストラン

ร้านอาหาร / Restoran

483 何 なに	A「レストランで <u>何</u>を 食べましたか。」 B「パスタを 食べました。」
อะไร apa	A：คุณกินอะไรที่ร้านอาหารครับ / B：กินพาสตาค่ะ A：Anda makan apa di restoran? B：Saya makan pasta.

484 何か なに	A「あさ、<u>何か</u> 食べましたか。」 B「いいえ、何も 食べませんでした。」
อะไรบางอย่าง sesuatu	A：ตอนเช้า กินอะไรบ้างหรือเปล่าครับ B：ไม่ค่ะ ไม่ได้กินอะไรเลยค่ะ A：Apakah Anda makan sesuatu tadi pagi? B：Tidak, saya tidak makan apa pun.

485 しょくじ〈する〉	しょくどうで 友だちと <u>しょくじし</u>ました。
การกินอาหาร มื้ออาหาร makan, bersantap	กินข้าวกับเพื่อนที่โรงอาหาร Saya bersantap bersama teman di kantin.

486 ゆうめいな	すしは 日本の <u>ゆうめいな</u> りょうりです。
มีชื่อเสียง เป็นที่รู้จัก terkenal, ternama	ซูชิเป็นอาหารขึ้นชื่อของญี่ปุ่น Sushi adalah masakan Jepang yang terkenal.

487 入る はい	① レストランに <u>入り</u>ます。 ② 大学に <u>入り</u>ます。
เข้า masuk	① เข้าไปในร้านอาหาร ② เข้ามหาวิทยาลัย ① Saya masuk ke restoran. ② Saya masuk (diterima) di universitas.

☞ ① เข้าไปด้านในของสถานที่นั้น ② เข้าเรียนในสถาบันการศึกษา
① masuk ke dalam sesuatu ② mendaftar di sekolah

488 レストラン	友だちと <u>レストラン</u>に 行きました。
ร้านอาหาร ภัตตาคาร restoran	ไปร้านอาหารกับเพื่อน Saya pergi ke restoran dengan teman.

489 ☐	しょくどう	<u>しょくどう</u>は 11 時から 7 時までです。
	โรงอาหาร **kantin**	โรงอาหารเปิด 11 โมงถึง 7 ทุ่ม Kantin buka dari jam 11 sampai jam 7.
490 ☐	ていしょく	しょくどうで <u>ていしょく</u>を 食べます。
	อาหารชุด **paket makanan**	กินอาหารชุดที่โรงอาหาร Saya makan paket makanan di kantin.
491 ☐	きっさてん	<u>きっさてん</u>で サンドイッチを 食べました。
	ร้านกาแฟ **kedai kopi**	กินแซนด์วิชที่ร้านกาแฟ Saya makan sandwich di kedai kopi.
492 ☐	～で	スプーン<u>で</u> カレーライスを 食べます。
	ด้วย ～ โดย ～ **dengan ～**	กินข้าวราดแกงกะหรี่ญี่ปุ่นด้วยช้อน Saya makan nasi kari dengan sendok.

394 - 518

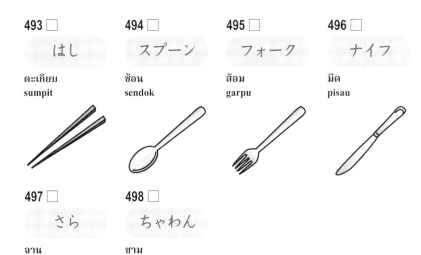

493 ☐
はし
ตะเกียบ
sumpit

494 ☐
スプーン
ช้อน
sendok

495 ☐
フォーク
ส้อม
garpu

496 ☐
ナイフ
มีด
pisau

497 ☐
さら
จาน
piring

498 ☐
ちゃわん
ชาม
cangkir

👉 ผู้หญิงมักพูดว่า おはし , おさら , おちゃわん
Wanita sering berkata, おはし , おさら dan おちゃわん .

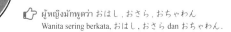

499
☐

いらっしゃいませ。

ยินดีต้อนรับค่ะ
Selamat datang. (untuk menyambut pengunjung toko, warung, dan sebagainya)

500
☐

ごちゅうもんは？

จะรับอะไรดีคะ
Apa pesanan Anda?

サンドイッチを おねがいします。

ขอแซนด์วิชครับ
Saya pesan sandwich.

501
☐

これで おねがいします。

はい。

ได้ค่ะ
Baiklah.

จ่ายด้วยบัตรนี้ครับ
Saya pesan ini.

502 ☐	ほかに	A「ほかに ごちゅうもんは？」
		B「コーヒーを おねがいします。」
	นอกจากนี้ **yang lainnya**	A：จะรับอย่างอื่นนอกจากนี้ไหมครับ / B：ขอกาแฟค่ะ A：Apa pesanan yang lainnya? / B：Saya pesan kopi.
503 ☐	べつべつに	べつべつに おねがいします。
	แยกกัน แยกต่างหาก **terpisah-pisah** **pembayaran notanya**	คิดแยกด้วยครับ Tolong dibuat terpisah-pisah pembayaran notanya.

どうですか。

เป็นอย่างไร / Bagaimana?

---

504 どう

A 「日本の 食べ物は どうですか。」
B 「おいしいです。」

อย่างไร
bagaimana

A：อาหารญี่ปุ่นเป็นอย่างไรบ้างคะ / B：อร่อยครับ
A：Bagaimana makanan Jepang menurut Anda? / B：Enak.

---

505 あまい

この ケーキは あまいですね。

หวาน
manis

เค้กนี้หวานนะ
Kue ini manis ya.

---

506 からい

からい りょうりを よく 食べます。

เผ็ด
pedas

กินอาหารเผ็ดบ่อย ๆ
Saya sering makan masakan pedas.

---

507 おいしい

くだものは おいしいです。

อร่อย
enak

ผลไม้อร่อย
Buahnya enak.

---

508 ぜんぶ

(お)べんとうを ぜんぶ 食べました。

ทั้งหมด
semuanya

กินข้าวกล่องหมดเลย
Saya makan semua bekal makanan.

---

509 じぶんで

A 「おいしい りょうりですね。ぜんぶ じぶんで
つくりましたか。」
B 「はい。」

ด้วยตัวเอง
sendiri

A：อาหารอร่อยจังเลยค่ะ ทำเองทั้งหมดเลย หรือคะ / B：ครับ
A：Masakannya enak ya. Apakah Anda memasaknya
sendiri?
B：Iya.

---

510 おなかが すく

おなかが すきましたね。何か 食べませんか。

หิว
perutnya lapar

หิวแล้วเนอะ กินอะไรกันไหม
Wah lapar ya. Maukah makan sesuatu?

511	のどが かわく	<u>のどが かわき</u>ましたね。何か 飲みませんか。
	คอแห้ง หิวน้ำ tenggorokan haus	หิวน้ำแล้วเนอะ ดื่มอะไรกันไหม Haus ya. Maukah minum sesuatu?
512	<u>い</u>っぱいな	おなかが <u>いっぱい</u>です。
	เต็มไปด้วย... อิ่ม kenyang	อิ่มแล้ว Perut saya kenyang.
513	いかがですか	ワインは <u>いかがですか</u>。
	จะรับ...ไหม bagaimana, apakah mau	จะรับไวน์ไหมคะ Apakah Anda mau minuman anggur?
514	<u>も</u>う いっぱい	A「<u>もう いっぱい</u> いかがですか。」
	อีก 1 ถ้วย อีก 1 แก้ว satu cangkir lagi	A：จะรับอีกถ้วยไหมคะ A：Apakah Anda mau satu cangkir lagi?
515	けっこうです	B「いいえ、<u>けっこうです</u>。」
	พอแล้ว Sudah cukup.	B：ไม่ครับ พอแล้วครับ B：Tidak, sudah cukup.
516	かんぱい	A・B「<u>かんぱい</u>！」
	ไชโย ชนแก้ว bersulang	A・B：ไชโย！ A・B：Bersulang!

จะรับประทานแล้วนะครับ
Saya akan memakannya.
(Diucapkan ketika akan menikmati
sajian makanan atau minuman)

อิ่มแล้วครับ
ขอบคุณสำหรับอาหารครับ
Terima kasih atas jamuannya.

517 いただきます。

518 ごちそうさまでした。

N5
Chapter
6

しゅみ

งานอดิเรก / Hobi

			単語 No. たんご
Section 1	しゅみ	งานอดิเรก Hobi	519 ～ 542
Section 2	おんがく	ดนตรี Musik	543 ～ 565
Section 3	スポーツ	กีฬา Olah raga	566 ～ 587
Section 4	てんき	สภาพอากาศ Cuaca	588 ～ 607
Section 5	きせつ	ฤดูกาล Musim	608 ～ 634

しゅみ

519

しゅみ

งานอดิเรก
hobi

しゅみは カラオケです。

งานอดิเรกของฉันคือการร้องคาราโอเกะ
Hobi saya adalah karaoke.

520

日
ひ

วัน
hari

休みの 日に 本を 読みます。
やす　　ひ　　ほん　　よ

อ่านหนังสือในวันหยุด
Saya membaca buku pada hari libur.

521

たのしい

สนุก
menyenangkan

テニスは たのしいです。

เทนนิสสนุก
Tenis menyenangkan.

522

好きな
す

ชอบ
suka

スポーツが 好きです。
す

ชอบกีฬา
Saya suka olah raga.

523

きらいな

ไม่ชอบ เกลียด
benci

まんがが きらいです。

ไม่ชอบหนังสือการ์ตูน
Saya benci komik.

524

あまり

ไม่ค่อย...
tidak begitu

スポーツは あまり 好きじゃありません。
す

ไม่ค่อยชอบกีฬา
Saya tidak begitu suka olah raga.

525

どちら

อย่างไหน อันไหน
yang mana

A「サッカーと やきゅうと どちらが 好きですか。」
す

B「サッカーの ほうが 好きです。」
す

A：ระหว่างฟุตบอลกับเบสบอล คุณชอบอย่างไหนครับ
B：ชอบฟุตบอลมากกว่าค่ะ
A：Anda suka yang mana, sepak bola atau bisbol?
B：Saya lebih suka sepak bola.

526 どちらも

C「どちらも 好きです。」

ทั้งสองอย่าง
yang mana pun

C : ชอบทั้งสองอย่างครับ
C : Saya suka yang mana pun.

527 どっち

A「サッカーと やきゅうと どっちが 好き?」
B「サッカーの ほうが 好き。」

อย่างไหน อันไหน
yang mana

A : ระหว่างฟุตบอลกับเบสบอล ชอบอย่างไหน
B : ชอบฟุตบอลมากกว่า
A : Anda suka yang mana, sepak bola atau bisbol?
B : Saya lebih suka sepak bola.

528 じょうずな

スミスさんは えが じょうず です。

เก่ง
mahir, pintar

คุณสมิทวาดภาพเก่ง
Smith pintar melukis.

529 へたな

わたしは うたが へた です。

ไม่เก่ง
tidak bisa

ฉันร้องเพลงไม่เก่ง
Saya tidak bisa menyanyi.

530 まだまだです

A「にほんごが じょうずですね。」
B「いいえ、まだまだです。」

ยังอีกมาก ยังไม่ถึงขั้น
ยังไม่...เลย
belum apa-apa

A : พูดภาษาญี่ปุ่นเก่งจังเลยนะครับ
B : ไม่หรอกค่ะ ยังไม่เก่งเลยค่ะ
A : Anda pintar bahasa Jepang ya.
B : Tidak, belum apa-apa.

531 ならう

いけばなを ならいました。

เรียน
mempelajari

เรียนจัดดอกไม้แบบญี่ปุ่น
Saya mempelajari seni merangkai bunga.

532 □

いけばな

การจัดดอกไม้แบบญี่ปุ่น / seni merangkai bunga

533 □

さどう

พิธีชงชาแบบญี่ปุ่น / upacara minum teh

534	かんたんな	<u>かんたんな</u> えを かきます。
	ง่าย ไม่ซับซ้อน **mudah, gampang, sederhana**	วาดภาพง่าย ๆ Saya melukis gambar yang sederhana.
535	やさしい	A「さどうは <u>やさしい</u>ですか。」 B「いいえ。むずかしいです。」
	ง่าย **gampang, mudah**	A：พิธีชงชาแบบญี่ปุ่นง่ายไหม / B：ไม่ค่ะ ยากค่ะ A：Apakah upacara minum teh mudah? / B：Tidak. Sulit.
536	むずかしい	さどうは <u>むずかしい</u>です。
	ยาก **sulit, sukar**	พิธีชงชาแบบญี่ปุ่นยาก Upacara minum teh sulit.
537	しゃしん	これは かぞくの <u>しゃしん</u>です。
	รูปถ่าย **foto**	นี่เป็นรูปถ่ายครอบครัว Ini adalah foto keluarga saya.
538	とる	スマホで しゃしんを <u>とり</u>ます。
	หยิบ ถ่าย (รูป) **mengambil**	ถ่ายรูปด้วยสมาร์ตโฟน Saya mengambil foto dengan telepon pintar. / Saya memotret dengan telepon pintar.
539	カメラ	これは 父の <u>カメラ</u>です。 ちち
	กล้องถ่ายรูป **kamera**	นี่เป็นกล้องถ่ายรูปของพ่อ Ini adalah kamera ayah saya.
540	え	すてきな <u>え</u>ですね。
	ภาพวาด **gambar, lukisan**	เป็นภาพวาดที่ยอดเยี่ยมไปเลยนะ Gambar yang indah ya.
541	かく	パンダの えを <u>かき</u>ました。
	วาด เขียน **menggambar, menulis,** **melukis**	วาดภาพแพนด้า Saya menggambar panda.
542	びじゅつかん	<u>びじゅつかん</u>で えを 見ます。 み
	หอศิลป์ พิพิธภัณฑ์ศิลปะ **galeri kesenian**	ชมภาพวาดที่หอศิลป์ Saya melihat lukisan di galeri kesenian.

ดนตรี / Musik

543	おんがく	日本の おんがく が 好きです。 にほん　　　　　　　　　　す
	ดนตรี musik	ชอบดนตรีญี่ปุ่น Saya suka musik Jepang.

544	カラオケ	カラオケ が 好きです。 す
	คาราโอเกะ karaoke	ชอบร้องคาราโอเกะ Saya suka karaoke.

545	いっしょに	いっしょに カラオケに 行きませんか。
	ด้วยกัน bersama	ไปร้องคาราโอเกะด้วยกันไหม Maukah pergi bersama ke karaoke?

546	みんなで	クラスの みんなで カラオケに 行きました。
	ด้วยกันกับทุกคน bersama semuanya	ไปร้องคาราโอเกะด้วยกันกับทุกคนในชั้นเรียน Semua anggota kelas pergi untuk berkaraoke.

547	うた	山田さんは うた が じょうずです。 やまだ
	เพลง nyanyian, lagu	คุณยามาดะร้องเพลงเก่ง Yamada-san pintar menyanyi.

548	うたう	みんなで 日本の うたを うたいます。 にほん
	ร้องเพลง menyanyi	ทุกคนร้องเพลงญี่ปุ่นด้วยกัน Semunya menyanyi lagu Jepang bersama.

549	コンサート	コンサートに 行きました。
	คอนเสิร์ต konser musik	ไปดูคอนเสิร์ต Saya pergi ke konser musik.

550 クラシック

A「<u>クラシック</u>と ジャズと どちらが 好きですか。」

B「どちらも 好きです。」

ดนตรีคลาสสิก
musik klasik

A：ระหว่างดนตรีคลาสสิกกับแจ๊ซ ชอบอย่างไหน
มากกว่ากัน

B：ชอบทั้งสองอย่าง

A：Ada suka yang mana, musik klasik atau musik jazz?

B：Saya suka yang mana pun.

---

551 ジャズ

<u>ジャズ</u>の CDを よく 聞きます。

เพลงแจ๊ซ
musik jazz

ฟังซีดีเพลงแจ๊ซเป็นประจำ
Saya sering mendengarkan CD musik jazz.

---

552 ポップス

<u>ポップス</u>が 好きです。

เพลงป๊อป
musik pop

ชอบเพลงป๊อป
Saya suka musik pop.

---

553 ロック

<u>ロック</u>は あまり 聞きません。

เพลงร็อก
musik rok

ไม่ค่อยฟังเพลงร็อก
Saya jarang mendengarkan musik rok.

---

554 ピアノ

<u>ピアノ</u>を ひきます。

เปียโน
piano

ดีดเปียโน
Bermain piano.

---

555 ギター

これは あにの <u>ギター</u>です。

กีตาร์
gitar

นี่เป็นกีตาร์ของพี่ชายฉัน
Ini gitar kakak laki-laki saya.

---

556 ひく

A「ピアノを <u>ひいて</u>も いいですか。」

B「はい、どうぞ。」

ดีด เล่น
memetik, memainkan,
bermain (alat musik)

A：ขอเล่นเปียโนได้ไหมคะ / B：ได้ครับ เชิญครับ

A：Bolehkah saya bermain piano? / B：Ya, silakan.

---

557 えいが

フランスの <u>えいが</u>を 見ました。

ภาพยนตร์ หนัง
film

ดูภาพยนตร์ฝรั่งเศส
Saya menonton film Perancis.

558

えいがかん

えいがかんで えいがを 見_みます。

โรงภาพยนตร์ โรงหนัง
bioskop

ดูภาพยนตร์ที่โรงภาพยนตร์
Saya menonton film di bioskop.

559

はじまる

えいがは 10 時_{じゅう じ}に はじまります。

เริ่ม เริ่มต้น
mulai

ภาพยนตร์เริ่มฉายตอน 10 โมง
Filmnya mulai jam 10.

560

おわる

コンサートは 7時_{しち じ}に おわります。

เลิก จบ
selesai

คอนเสิร์ตเลิกตอน 7 ทุ่ม
Konser musiknya selesai jam 7.

561

まんが

まんがは あまり 好_すきじゃありません。

หนังสือการ์ตูน
komik

ไม่ค่อยชอบหนังสือการ์ตูน
Saya tidak begitu suka komik.

562

アニメ

日本_{に ほん}の アニメが 好_すきです。

ภาพยนตร์แอนิเมชั่น
อานิเมะ
film animasi

ชอบอานิเมะของญี่ปุ่น
Saya suka film animasi Jepang.

563

ゲーム

日本_{に ほん}の ゲームは おもしろいです。

เกม
game, permainan

เกมของญี่ปุ่นสนุก
Game Jepang menarik.

564

ソフト

ゲームの ソフトを 買_かいました。

ซอฟต์แวร์
perangkat lunak

ซื้อซอฟต์แวร์เกม
Saya membeli perangkat lunak game.

565

おもしろい

きのう、おもしろい アニメを 見_みました。

สนุก น่าสนใจ
menarik

เมื่อวานดูอานิเมะสนุก ๆ
Kemarin saya menonton film animasi yang menarik.

スポーツ

กีฬา / Olah raga

566
□

ジョギング	まいにち、ジョギングを しています。
จ็อกกิ้ง **lari pagi**	วิ่งจ็อกกิ้งทุกวัน Saya berlari pagi setiap hari.

567
□

スキー	ほっかいどうで スキーを します。
สกี **bermain ski**	เล่นสกีที่ฮอกไกโด Saya bermain ski di Hokkaido.

568
□

ダンス	マリアさんは ダンスが じょうずです。
เต้นรำ **menari, berdansa**	คุณมาเรียเต้นรำเก่ง Maria-san pintar berdansa.

569
□

およぐ	おきなわの うみで およぎました。
ว่ายน้ำ **berenang**	ว่ายน้ำที่ทะเลของโอกินาวามา Saya berenang di pantai di Okinawa.

570
□

うみ	うみより 山のほうが 好きです。
ทะเล **laut, pantai**	ชอบภูเขามากกว่าทะเล Saya lebih suka gunung dari pada pantai.

571
□

プール	きのう、プールで およぎました。
สระว่ายน้ำ **kolam renang**	เมื่อวานว่ายน้ำที่สระว่ายน้ำ Saya berenang di kolam renang kemarin.

572
□

川 かわ	この 川で およがないで ください。
แม่น้ำ **sungai**	กรุณาอย่าว่ายน้ำในแม่น้ำนี้ Jangan berenang di sungai ini.

573
□

つり	川で つりを します。
การตกปลา **pancing**	ตกปลาที่แม่น้ำ Saya memancing di sungai.

574

のぼる

7月に ふじさんに のぼります。
しちがつ

ปีน
mendaki

จะไปปีนภูเขาไฟฟูจิในเดือนกรกฎาคม
Saya mendaki gunung Fuji pada bulan Juli.

575

山
やま

ふじさんは きれいな 山です。
やま

ภูเขา
gunung

ภูเขาไฟฟูจิเป็นภูเขาที่สวย
Gunung Fuji gunung yang indah.

576

しあい

サッカーの しあいが あります。

การแข่งขัน
pertandingan

มีการแข่งขันฟุตบอล
Ada pertandingan sepak bola.

577

かつ

ブラジルが かちました。

ชนะ
menang

บราซิลชนะ
Tim Brazil menang.

578

まける

山田さんは ホアンさんに まけました。
やまだ

แพ้
kalah

คุณยามาดะแพ้คุณฮวง
Yamada-san dikalahkan Huang-san.

579

さあ……

A「どちらが かつでしょうか。」

B「さあ……。わかりません。」

เอ... เอ่อ...
Entahlah …

A : ฝ่ายไหนจะชนะนะ / B : เอ... ไม่รู้สิ
A : Mana yang akan menang ya?
B : Entahlah… Sata tidak tahu.

580 ☐

つよい

เข้มแข็ง แข็งแกร่ง
kuat

581 ☐

よわい

อ่อนแอ อ่อน
lemah

582 ☐

サッカー

ฟุตบอล
sepak bola

583 ☐

やきゅう

เบสบอล
bisbol

584 ☐

すもう

ซูโม่
sumo

585 ☐

じゅうどう

ยูโด
judo

586 ☐

テニス

เทนนิส
tenis

587 ☐

ゴルフ

กอล์ฟ
golf

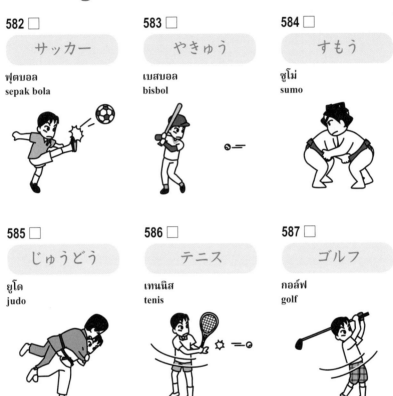

☞ การเล่นกีฬา เช่น ฟุตบอล เบสบอล ซูโม่ เทนนิส และกอล์ฟ จะใช้คำกริยา ～します ไม่ใช่ あそびます ตัวอย่างเช่น
◯サッカーをします。 ✕サッカーをあそびます。

Kata kerja ～します digunakan untuk sepak bola, baseball, sumo, tenis, dan golf. Kata kerja あそびます tidak
digunakan, seperti misalnya サッカーをあそびます.

---

588 てんき

สภาพอากาศ อากาศ
cuaca

きょうの てんきは どうですか。

สภาพอากาศวันนี้เป็นอย่างไรคะ
Bagaimana cuaca hari ini?

---

589 いい

ดี
bagus, baik

① てんきが いいです。

② あの 人は いい 人です。

① อากาศดี ② เขาเป็นคนดี
① Cuacanya bagus. ② Orang itu orang yang baik.

👉 ① สภาพอากาศดี ② ดี / ① cuaca baik ② baik

---

590 わるい

เลว ไม่ดี
jelek, buruk, tidak baik

① てんきが わるいです。

② あの 人は わるい 人です。

① อากาศไม่ดี
② เขาเป็นคนไม่ดี
① Cuacanya buruk.
② Orang itu orang yang tidak baik.

👉 ① สภาพอากาศไม่ดี ② เลว ไม่ดี / ① cuaca buruk ② buruk

---

591 いい [お]てんき
ですね

อากาศดีนะ
Cuacanya bagus ya.

A 「おはようございます。

いい おてんきですね。」

B 「そうですね。」

A：อรุณสวัสดิ์ค่ะ อากาศดีนะคะ
B：นั่นสิครับ
A：Selamat pagi. Cuacanya bagus ya.
B：Iya, benar.

---

592 雨
あめ

ฝน
hujan

きょうは 雨です。
あめ

วันนี้มีฝน
Hari ini hujan.

593	ゆき	きのうは <u>ゆき</u>でした。
	หิมะ salju	เมื่อวานมีหิมะ Kemarin turun salju.
594	ふる	きょう、雨が <u>ふり</u>ます。 <small>あめ</small>
	ตก turun	วันนี้ฝนจะตก Hari ini turun hujan.

595 ☐

あつい

ร้อน
panas

596 ☐

すずしい

เย็นสบาย
sejuk

597 ☐

さむい

หนาว
dingin

598 ☐

あたたかい

อุ่น อบอุ่น
hangat

599

多い
おお

マク มากมาย
banyak, sering

6月は 雨が 多いです。
ろくがつ　あめ　おお

เดือนมิถุนายนมีฝนตกมาก
Bulan Juni sering hujan.

👉 多い จะใช้ในรูป ～が 多いです ไม่ใช้ขยายคำนามในรูป 多い＋ N
多い digunakan dalam bentuk ～が 多いです . Ini tidak digunakan dalam bentuk 多い＋ Kata Benda.

600

少ない
すく

น้อย
sedikit, jarang

1月は 雨が 少ないです。
いちがつ　あめ　すく

เดือนมกราคมมีฝนตกน้อย
Bulan Januari jarang hujan.

601

おもう

คิด
berpikir, kira

あしたは あついと おもいます。

คิดว่าพรุ่งนี้อากาศจะร้อน
Saya pikir besok akan hujan.

602

たぶん

บางที อาจจะ
mungkin

あしたは たぶん 雨だと おもいます。
あめ

คิดว่าพรุ่งนี้อาจจะมีฝน
Saya pikir besok mungkin akan hujan.

603

きっと

แน่ ๆ อย่างแน่นอน
pasti

きっと ゆきが ふるでしょう。

หิมะคงจะตกแน่
Pasti turun salju.

604

かさ

ร่ม
payung

わたしの かさが ありません。

ไม่มีร่มของฉัน (ร่มของฉันหายไป)
Payung saya tidak ada.

605

もってくる

นำมา ถือมา เอามา
datang membawa

学校へ かさを もってきました。
がっこう

เอาร่มมาโรงเรียน
Saya datang ke sekolah membawa payung.

606

もっていく

นำไป ถือไป เอาไป
pergi membawa

会社へ かさを もっていきます。
かいしゃ

เอาร่มไปบริษัท
Saya pergi ke perusahaan membawa payung.

607

ばんぐみ

รายการ (โทรทัศน์ วิทยุ)
acara televisi

まいにち、てんきの ばんぐみを 見ます。
み

ดูรายการพยากรณ์อากาศทุกวัน
Setiap hari melihat acara prakiraan cuaca.

きせつ

ฤดูกาล / Musim

---

608 □ いつ

A「<u>いつ</u>、くにへ 帰りますか。」
B「らいねん、帰ります。」

เมื่อไร
kapan

A：จะกลับประเทศเมื่อไรครับ / B：จะกลับปีหน้าค่ะ
A：Kapan Anda akan pulang ke negara Anda?
B：Saya akan pulan tahun depan.

---

609 □ きょねん

<u>きょねん</u>、日本へ 来ました。

ปีที่แล้ว
tahun lalu

มาญี่ปุ่นเมื่อปีที่แล้ว
Tahun lalu saya datang ke Jepang.

---

610 □ ことし

<u>ことし</u>、イギリスへ りゅうがくします。

ปีนี้
tahun ini

ปีนี้จะไปเรียนที่อังกฤษ
Tahun ini saya akan belajar ke Inggris.

---

611 □ らいねん

<u>らいねん</u>、くにへ 帰ります。

ปีหน้า
tahun depan

ปีหน้าจะกลับประเทศ
Tahun depan saya akan pulang ke negara saya.

---

612 □ きせつ

日本の <u>きせつ</u>は 4つ あります。

ฤดูกาล
musim

ฤดูกาลของญี่ปุ่นมี 4 ฤดู
Musim di Jepang ada 4.

---

613 □ いちばん

なつが <u>いちばん</u> 好きです。

...ที่สุด อันดับหนึ่ง
paling, nomor satu

ชอบฤดูร้อนมากที่สุด
Saya paling suka musim panas.

---

614 □ なる

① ふゆに <u>なり</u>ました。さむく <u>なり</u>ました。
② いつか しゃちょうに <u>なり</u>たいです。

กลายเป็น
menjadi

① เข้าฤดูหนาวแล้ว อากาศหนาวขึ้นแล้ว
② สักวันหนึ่ง ฉันอยากจะเป็นประธานบริษัท
① Sudah musim dingin. Menjadi dingin.
② Suatu saat saya ingin menjadi direktur.

☞ ① ถึงเวลาหรือเข้าสู่ฤดูกาลนั้น ② เป็นอาชีพหรือตำแหน่งนั้น
① berubah menjadi waktu atau musim tertentu ② menjabat sebuah posisi atau pekerjaan tertentu

615 ☐

はる

ฤดูใบไม้ผลิ
musim semi

616 ☐

なつ

ฤดูร้อน
musim panas

617 ☐

あき

ฤดูใบไม้ร่วง
musim gugur

618 ☐

ふゆ

ฤดูหนาว
musim dingin

619 ☐	花 はな	母は 花が 好きです。 はは　はな　　す
	ดอกไม้ bunga	แม่ฉันชอบดอกไม้ Ibu saya suka bunga.
620 ☐	月 つき	月が きれいです。 つき
	พระจันทร์ bulan	พระจันทร์สวย Bulannya indah.

621 [お]花見
はなみ

การชมดอกไม้
menikmati keindahan
bunga

日本人は 花見が 好きです。
にほんじん はなみ す

คนญี่ปุ่นชอบชมดอกไม้
Orang Jepang suka menikmati keindahan bunga.

622 さくら

ซากุระ
sakura

さくらは きれいな 花です。
はな

ซากุระเป็นดอกไม้ที่สวยงาม
Sakura bunga yang indah.

623 花火
はなび

ดอกไม้ไฟ
kembang api

なつに 花火を 見ました。
はなび み

ชมดอกไม้ไฟในฤดูร้อน
Saya melihat kembang api pada musim panas.

624 もみじ

ใบเมเปิล ใบไม้แดง
ใบไม้เปลี่ยนสี
daun pohon mapel

山で もみじを 見ました。
やま み

ชมใบไม้เปลี่ยนสีที่ภูเขา
Saya melihat daun pohon mapel di gunung.

625 はじめて

เป็นครั้งแรก
pertama kali

はじめて さくらを 見ました。
み

ได้เห็นดอกซากุระเป็นครั้งแรก
Saya melihat sakura pertama kali.

626 いちど

1 ครั้ง
satu kali

いちど、花見を した ことが あります。
はなみ

เคยไปชมดอกไม้มาครั้งหนึ่ง
Saya pernah menikmati keindahan bunga satu kali.

627 何かいも
なん

ตั้งหลายครั้ง
berapa kali pun,
berkali-kali

何かいも ほっかいどうへ 行きました。
なん い

ไปฮอกไกโดตั้งหลายครั้ง
Saya telah pergi ke Hokkaido berkali-kali.

628 いちども

(ไม่...) แม้แต่ครั้งเดียว
(ไม่...) เลยสักครั้ง
sekali pun

いちども きょうとへ 行った ことが ありません。
い

ไม่เคยไปเกียวโตแม้แต่ครั้งเดียว
Saya belum pernah pergi ke Kyoto sekali pun.

☞ มักใช้กับรูปปฏิเสธ เป็น いちども～ません
Ini digunakan dalam bentuk いちども～ません.

629 こうえん

こうえんで 花見を します。
はな み

สวนสาธารณะ
taman

จะไปชมดอกไม้ที่สวนสาธารณะ
Saya menikmati keindahan bunga di taman.

630 さんぽ 〈する〉

犬と こうえんを さんぽします。
いぬ

การเดินเล่น
berjalan-jalan

เดินเล่นกับสุนัขที่สวนสาธารณะ
Saya berjalan-jalan di taman dengan anjing.

631 とても

A 「さくらが とても きれいですね。」

อย่างมาก
sangat

A : ซากุระสวยมากเลยนะครับ
A : Sakura sangat indah ya?

632 ほんとうに

B 「ほんとうに そうですね。」

จริง จริง ๆ
benar-benar

B : จริงด้วยครับ
B : Benar-benar demikian.

633 ぜひ

ぜひ わたしの うちに 来てください。
き

...ให้ได้
pastikan

มาบ้านฉันให้ได้นะ
Pastikan Anda datang ke rumah saya.

634 もちろん

A 「土よう日の お花見に 行きますか。」
ど び はな み い
B 「はい、もちろんです。」

แน่นอน
tentu saja

A : จะไปชมดอกไม้ที่จัดในวันเสาร์ใหมครับ
B : ค่ะ ไปแน่นอน
A : Apakah Anda akan pergi menikmati keindahan
bunga pada hari Sabtu?
B : Ya, tentu saja.

買い物
か　　　も の
การซื้อของ / Belanja

			単語 No. たん ご
Section **1**	買い物 か　　もの	การซื้อของ Belanja	**635 ～ 659**
Section **2**	みせ	ร้านค้า Toko	**660 ～ 679**
Section **3**	ATM エーティーエム	เอทีเอ็ม ATM	**680 ～ 695**
Section **4**	おくる	ส่ง Mengirim	**696 ～ 713**
Section **5**	プレゼント	ของขวัญ Hadiah	**714 ～ 733**

買い物
か　もの

การซื้อของ / Belanja

635

買い物 〈する〉
か　もの

スーパーで 買い物をします。
　　　　　　　　か　もの

การซื้อของ
berbelanja

ซื้อของที่ซูเปอร์มาร์เกต
Saya berbelanja di pasar swalayan.

636

〜を ください

これを ください。

ขอ 〜
Tolong minta 〜

ขอนี่ค่ะ
Tolong minta ini.

637

〜と

ぎゅうにゅうと パンを 買いました。
　　　　　　　　　　　　か

และ 〜 กับ 〜
dan 〜

ซื้อนมกับขนมปัง
Saya membeli susu sapi dan roti.

638

〜や〜 [など]

ジュースや アイスクリームを 買います。
　　　　　　　　　　　　　　か

〜 และ 〜 เป็นต้น
dan 〜 (dan sebagainya)

จะซื้อน้ำผลไม้และไอศกรีม เป็นต้น
Saya membeli jus, es krim, dan sebagainya.

639

いくら

A「この パソコンは いくらですか。」

ราคาเท่าไร
berapa

A：คอมพิวเตอร์ส่วนบุคคลเครื่องนี้ราคาเท่าไรคะ
A：Berapa harga komputer ini?

640

円
えん

B「9万円です。」
　　きゅう まんえん

เยน (สกุลเงินของญี่ปุ่น)
yen

B：90,000 เยนค่ะ
B：90 ribu yen.

641

高い
たか

この カメラは 高いですね。
　　　　　　　　たか

(ราคา) แพง
mahal

กล้องถ่ายรูปนี้ราคาแพงเนอะ
Kamera ini mahal ya.

642

安い
やす

安い カメラが 買いたいです。
やす　　　　　　　　か

(ราคา) ถูก
murah

อยากซื้อกล้องถ่ายรูปราคาถูก
Saya ingin membeli kamera yang murah.

---

643 ☐

百
ひゃく

ร้อย
seratus

644 ☐

千
せん

พัน
seribu

645 ☐

万
まん

หมื่น
sepuluh ribu

646 ☐

おく

ร้อยล้าน
seratus juta

¥1	一円 いちえん
¥10	十円 じゅうえん
¥100	百円 ひゃくえん
¥1,000	千円 せんえん
¥10,000	一万円 いちまんえん
¥100,000,000	一おく円 いち　　えん

647 ☐

ちょっと

เล็กน้อย นิดหน่อย
sedikit, agak

A 「これは <u>ちょっと</u> 高いですね。」
　　　　　　　　　　たか

A : อันนี้แพงไปหน่อยนะ
A : Ini agak mahal ya.

648 ☐

では

ถ้าอย่างนั้น
kalau begitu

B 「<u>では</u>、こちらは いかがですか。６万円です。」
　　　　　　　　　　　　　　　　　ろくまんえん

B : ถ้าอย่างนั้น อันนี้ดีไหมคะ 60,000 เยนค่ะ
B : Kalau begitu, bagaimana dengan yang ini? 60 ribu
yen.

649 ☐

じゃ

งั้น
baiklah

A 「<u>じゃ</u>、それを ください。」

A : งั้น ขออันนั้นค่ะ
A : Baiklah, tolong minta yang itu.

👉 じゃ เป็นวิธีพูดแบบไม่เป็นทางการของ では / じゃ adalah cara informal untuk mengatakan では .

650 ☐

[お]金
　　かね

เงิน
uang

日本の <u>お金</u>は 円です。
にほん　　かね　　えん

เงินของญี่ปุ่นคือเงินเยน
Uang Jepang adalah yen.

651 はらう

お金を <u>はらい</u>ます。
<small>かね</small>

จ่าย
membayar

จ่ายเงิน
Saya membayar uang.

652 おつり

<u>おつり</u>は 8 5 0 円です。
<small>はっぴゃくごじゅう えん</small>

เงินทอน
uang kembalian

เงินทอน 850 เยน
Uang kembaliannya 850 yen.

653 こまかい [お]金
<small>かね</small>

<u>こまかい お金</u>が ありません。
<small>かね</small>

เงินปลีก เงินย่อย
uang receh, uang kecil

ไม่มีเงินย่อย
Tidak ada uang receh.

654 たりる

お金が <u>たり</u>ません。
<small>かね</small>

เพียงพอ พอ
cukup

เงินไม่พอ
Uangnya tidak cukup.

655 せいかつ

とうきょうの <u>せいかつ</u>は たのしいです。

ชีวิตความเป็นอยู่
การใช้ชีวิต
hidup, kehidupan

การใช้ชีวิตในโตเกียวสนุก
Kehidupan di Tokyo menyenangkan.

656 ぶっか

とうきょうは <u>ぶっか</u>が 高いです。
<small>たか</small>

ค่าครองชีพ
harga barang

โตเกียวค่าครองชีพสูง
Harga barang di Tokyo mahal.

657 いくつ

A「りんごを <u>いくつ</u> 買いましたか。」
<small>か</small>

B「5つ 買いました。」
<small>いつ か</small>

กี่อัน กี่ชิ้น กี่ลูก
berapa (jumlah)

A：ซื้อแอปเปิลมากี่ลูกคะ / B：ซื้อมา 5 ลูกครับ
A：Membeli apel berapa buah? / B：Membeli 5 buah.

658 ぜんぶで

A「りんごを 5つ ください。」
<small>いつ</small>

B「はい。 <u>ぜんぶで</u> 500円です。」
<small>ごひゃくえん</small>

รวมทั้งหมด
semuanya

A：ขอแอปเปิล 5 ลูกค่ะ
B：ครับ ทั้งหมด 500 เยนครับ
A：Tolong 5 buah apel!
B：Baik. Semuanya 500 yen.

659

👉 ひとつ , ふたつ ใช้นับสิ่งของขนาดเล็ก เช่น ไข่ ผลไม้ เป็นต้น และยังใช้เป็นลักษณนามนับสิ่งของทั่วไปได้ด้วย
ひとつ , ふたつ digunakan untuk menghitung barang yang kecil seperti telur atau buah. Ini digunakan sebagai kata bantu bilangan yang umum.

みせ

ร้านค้า / Toko

660	みせ	いろいろな <u>みせ</u>が あります。
	ร้านค้า **warung, toko**	มีร้านค้าหลากหลาย Ada bermacam-macam toko.
661	～や	パン<u>や</u>で パンを 買います。
	ร้าน ～ **warung ～ , toko ～**	ซื้อขนมปังที่ร้านขายขนมปัง Saya membeli roti di toko roti.
662	デパート	日よう日に <u>デパート</u>で 買い物しました。
	ห้างสรรพสินค้า **toko besar, super market**	เมื่อวันอาทิตย์ไปซื้อของที่ห้างสรรพสินค้า Saya telah berbelanja di super market pada hari Minggu.
663	コンビニ	<u>コンビニ</u>で おべんとうを 買います。
	ร้านสะดวกซื้อ **mini market**	ซื้อข้าวกล่องที่ร้านสะดวกซื้อ Saya membeli bekal makanan di mini market.
664	うる	コンビニで おにぎりを <u>うって</u> います。
	ขาย **menjual**	มีข้าวปั้นขายที่ร้านสะดวกซื้อ Di mini market dijual nasi kepal onigiri.
665	うりば	A「やさいの <u>うりば</u>は どこですか。」 B「あそこです。」
	แผนกขายสินค้า **เคาน์เตอร์ขายสินค้า** **tempat penjualan, konter, gerai**	A：แผนกขายผักอยู่ตรงไหนครับ B：อยู่ตรงโน้นค่ะ A：Gerai sayur di sebelah mana? B：Di sana.
666	コーナー	ニョクマムは しょうゆの <u>コーナー</u>に あります。
	มุม บริเวณ **rak**	น้ำปลาเวียดนามอยู่ตรงมุมสินค้าจำพวกโชยุ Saus ikan Vietnam ada di rak kecap asin.

667 ☐	たな	飲み物は その <u>たな</u>です。 <small>の もの</small>
	ชั้นวางของ **rak, lemari**	เครื่องดื่มอยู่ที่ชั้นวางของนั้น Minuman di lemari itu.
668 ☐	コピー 〈する〉	コンビニで <u>コピーし</u>ます。
	การถ่ายเอกสาร การถ่ายสำเนา **fotokopi**	ถ่ายเอกสารที่ร้านสะดวกซื้อ Saya fotokopi di mini market.
669 ☐	チケット	コンサートの <u>チケット</u>を 買います。 <small>か</small>
	ตั๋ว บัตรผ่านประตู **tiket**	ซื้อตั๋วคอนเสิร์ต Saya membeli tiket konser musik.
670 ☐	カタログ	パソコンの <u>カタログ</u>を 見ます。 <small>み</small>
	แคตาล็อก **katalog**	ดูแคตาล็อกคอมพิวเตอร์ส่วนบุคคล Saya mellihatkatalog komputer.
671 ☐	ざっし	きっさてんで <u>ざっし</u>を 読みました。 <small>よ</small>
	นิตยสาร **majalah**	อ่านนิตยสารที่ร้านกาแฟ Saya membaca majalah di kedai kopi.
672 ☐	しんぶん	コンビニで <u>しんぶん</u>を 買います。 <small>か</small>
	หนังสือพิมพ์ **koran**	ซื้อหนังสือพิมพ์ที่ร้านสะดวกซื้อ Saya membeli koran di mini market.
673 ☐	ほしい	小さい パソコンが <u>ほしい</u>です。 <small>ちい</small>
	อยากได้ ต้องการ **ingin**	อยากได้คอมพิวเตอร์ส่วนบุคคลเครื่องเล็ก ๆ Saya ingin komputer yang kecil.
674 ☐	できる	① コンビニで チケットの よやくが <u>でき</u>ます。 ② ダンスが <u>でき</u>ます。
	ทำได้ ทำเป็น **bisa**	① สามารถจองตั๋วได้ที่ร้านสะดวกซื้อ ② เต้นรำเป็น ① Bisa memesan tiket di mini market. ② Saya bisa berdansa.

👉 ① สถานการณ์ที่เป็นไปได้ ② ความสามารถในการทำบางสิ่ง
　① menjelaskan situasi yang memungkinkan ② mempunyai kemampuan tertentu

675 ～で ございます

きゃく「いくらですか。」
てんいん「3,500円で ございます。」
<ruby>さんぜんごひゃく えん</ruby>

เป็น ～ คือ ～
adalah

ลูกค้า : เท่าไรครับ
พนักงานร้านค้า : 3,500 เยนค่ะ
Pembeli : Berapa harganya?
Pelayan toko : Semuanya 3.500 yen.

676 おさがしですか。

กำลังหา...อยู่หรือคะ
Apakah Anda mencari sesuatu?

677 見せる
<ruby>み</ruby>

ให้ดู
memperlihatkan

678 かしこまりました。

ได้ค่ะ รับทราบค่ะ
Baiklah, saya mengerti.

679 しょうしょう
おまちください。

กรุณารอสักครู่ค่ะ
Tolong tunggu sebentar!

กำลังหากล้องถ่ายรูปแบบไหนอยู่หรือครับ
Anda mencari kamera yang seperti apa?

どんな カメラを おさがしですか。

ขอดูกล้องถ่ายรูปตัวนั้นหน่อยครับ
Tolong perlihatkan kamera yang itu!

あの カメラを 見せて ください。
<ruby>み</ruby>

かしこまりました。
しょうしょう おまちください。

ATM
エーティーエム

เอทีเอ็ม / ATM

680
☐

〜かた

วิธี 〜

cara 〜

ฉันไม่รู้วิธีใช้ตู้เอทีเอ็มค่ะ

Saya tidak mengerti cara memakai ATM.

> ＡＴＭ の つかい<u>かた</u>が わかりません。
> エーティーエム

681
☐

おひきだしですか。

จะถอนเงินใช่ไหมครับ

Apakah Anda akan melakukan tarik tunai uang?

> おひきだしですか。

> はい。

ใช่ค่ะ
Baiklah.

> では、こちらへどうぞ。

ถ้าอย่างนั้น เชิญทางนี้ครับ
Kalau begitu, silakan ke sini.

682
☐

げんきん	<u>げんきん</u>が ありません。
เงินสด uang tunai	ไม่มีเงินสด Tidak ada uang tunai.

683
☐

ＡＴＭ エーティーエム	こちらに <u>ＡＴＭ</u> が あります。 エーティーエム
ตู้เอทีเอ็ม เครื่องรับจ่ายเงิน อัตโนมัติ ATM	ตรงนี้มีตู้เอทีเอ็ม Di sini ada ATM.

684
☐

おろす	ＡＴＭ で お金を <u>おろし</u>ます。 エーティーエム　かね
ถอนเงิน menarik tunai uang	ถอนเงินที่ตู้เอทีเอ็ม Saya menarik tunai uang di ATM.

685 まず

ก่อนอื่น อันดับแรก / Mula-mula

686 キャッシュカード

บัตรเอทีเอ็ม / kartu debit, kartu ATM

687 つぎに

ลำดับต่อไป ถัดไป / berikutnya

688 [あんしょう]ばんごう

รหัสลับ รหัสเอทีเอ็ม / nomor PIN

689 おす

กด ดัน ผลัก / memencet, menekan

690 それから

จากนั้น / kemudian

691 きんがく

จำนวนเงิน / nominal uang

692 かくにん〈する〉

การยืนยัน / mengkonfirmasi

693 ボタン

ปุ่ม / tombol

694 出る

ออกมา / keluar

まず キャッシュカードを 入れて ください。
つぎに あんしょうばんごうを おして
ください。
それから きんがくを おして ください。
かくにん ボタンを おして ください。
ここから お金が 出ます。

อันดับแรกกรุณาสอดบัตรเอทีเอ็ม
ลำดับถัดไปให้กดรหัสลับ
จากนั้นกดจำนวนเงิน
กดปุ่มยืนยัน
เงินจะออกมาจากตรงนี้

Mula-mula (Pertama) masukkan kartu ATM Anda.
Berikutnya tekanlah nomor PIN Anda.
Kemudian tekanlah jumlah nominal uangnya!
Tekanlah tombol 'konfirmasi'!
Uang akan keluar dari sini.

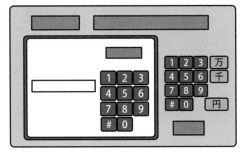

695 かえる

แลก แลกเปลี่ยน / mengganti, mengubah

円を ドルに かえます。

แลกเงินเยนเป็นเงินดอลลาร์
Menukar yen menjadi dolar.

696 ☐ ゆうびんきょく ที่ทำการไปรษณีย์ **kantor pos**	あした、ゆうびんきょくへ 行きます。 พรุ่งนี้จะไปที่ทำการไปรษณีย์ Saya besok akan pergi ke kantor pos.
697 ☐ ポスト ตู้ไปรษณีย์ **kotak pos**	はがきを ポストに 入れます。 หย่อนไปรษณียบัตรลงในตู้ไปรษณีย์ Saya memasukkan kartu pos ke dalam kotak pos.
698 ☐ てがみ จดหมาย **surat**	てがみを 書きます。 เขียนจดหมาย Saya menulis surat.
699 ☐ はがき ไปรษณียบัตร **kartu pos**	はがきを 3まい おねがいします。 ขอไปรษณียบัตร 3 ใบค่ะ Tolong 3 lembar kartu pos.
700 ☐ ねんがじょう บัตรอวยพรปีใหม่ **kartu tahun baru**	先生に ねんがじょうを 出します。 ส่งบัตรอวยพรปีใหม่ให้อาจารย์ Saya mengirim kartu tahun baru kepada guru saya.
701 ☐ 出す ส่ง **mengeposkan**	こうくうびんで てがみを 出します。 ส่งจดหมายแบบไปรษณีย์ทางอากาศ Saya mengeposkan surat dengan pos udara (pos kilat).
702 ☐ メール อีเมล **surat elektronik (surel)**	メールを おくります。 ส่งอีเมล Saya mengirim surel.

635 - 733

703 おくる

かぞくに にもつを <u>おくり</u>ます。

送る
mengirim

ส่งของให้ครอบครัว
Saya mengirim barang untuk keluarga saya.

704 きって

<u>きって</u>を 買います。

แสตมป์
perangko

ซื้อแสตมป์
Saya membeli perangko.

705 あつめる

きってを <u>あつめて</u> います。

สะสม รวบรวม
mengoleksi

สะสมแสตมป์
Saya mengoleksi perangko.

706 ふうとう

<u>ふうとう</u>に てがみを 入れます。

ซองจดหมาย
amplop

ใส่จดหมายเข้าไปในซอง
Saya memasukkan surat ke dalam amplop.

707 がいこく

<u>がいこく</u>に てがみを 出します。

ต่างประเทศ
luar negeri

ส่งจดหมายไปต่างประเทศ
Saya mengirimkan surat ke luar negeri.

708 エアメール

イギリスまで <u>エアメール</u>で おねがいします。

ไปรษณีย์ทางอากาศ
pos udara

ช่วยส่งไปประเทศอังกฤษแบบไปรษณีย์ทางอากาศครับ
Tolong saya ingin mengirim dengan pos udara ke Inggris.

709 こうくうびん

<u>こうくうびん</u>で おくります。

ไปรษณีย์ทางอากาศ
การส่งทางอากาศ
pos udara

ส่งไปรษณีย์ทางอากาศ
Saya mengirim dengan pos udara.

710 ふなびん

<u>ふなびん</u>で おくります。

การส่งทางเรือ
pos laut

ส่งทางเรือ
Saya mengirim dengan pos laut.

711 にもつ

ゆうびんきょくで <u>にもつ</u>を おくります。

สิ่งของ สัมภาระ
barang, paket barang

ส่งของที่ที่ทำการไปรษณีย์
Saya mengirim paket barang di kantor pos.

712 おもい	この にもつは <u>おもい</u>ですね。
หนัก **berat**	ของนี้หนักเนอะ Barang ini berat ya.

713 かるい	この にもつは <u>かるい</u>ですね。
เบา **ringan**	ของนี้เบาเนอะ Barang ini ringan ya.

プレゼント

714 あげる

友だちに プレゼントを あげます。

ให้
memberi

ให้ของขวัญเพื่อน
Saya memberi hadiah kepada teman.

715 もらう

父に じしょを もらいました。

ได้รับ
menerima, mendapat

ได้รับพจนานุกรมจากพ่อ
Saya mendapat kamus dari ayah.

716 くれる

友だちが おみやげを くれました。

ให้ (ฉัน)
menerima, mendapat

เพื่อนให้ของฝากฉัน
Saya mendapat oleh-oleh dari teman saya.

717 プレゼント

おとうとに プレゼントを あげました。

ของขวัญ
hadiah

ให้ของขวัญน้องชาย
Saya memberi hadiah kepada ayah.

718 物

いろいろな 物を もらいました。

สิ่งของ
barang

ได้รับของหลายอย่าง
Saya menerima berbagai barang.

719 パーティー

友だちと パーティーを します。

งานเลี้ยง ปาร์ตี้
pesta

จัดงานเลี้ยงกับเพื่อน ๆ
Saya berpesta dengan teman.

720 はじめる

6時に パーティーを はじめます。

เริ่ม เริ่มต้น
memulai

เริ่มงานเลี้ยงตอน 6 โมง
Saya memulai pesta jam 6.

721 だれ

A 「あの 人は だれですか。」
B 「ホアンさん ですよ。」

ใคร
siapa

A : คนโน้นเป็นใครคะ / B : คุณฮวงครับ
A : Siapa orang itu? / B : Huang-san.

722 どなた

A「あの かたは <u>どなた</u>ですか。」

ใคร (สุภาพ)
siapa

A：ท่านนั้นเป็นใครคะ
A：Siapa beliau?

723 あの かた

B「<u>あの かた</u>は 大学の スミス先生です。」
<small>だいがく</small> <small>せんせい</small>

เขา (สุภาพ) ท่านโน้น
beliau, orang itu

B：ท่านโน้นคืออาจารย์สมิท เป็นอาจารย์
มหาวิทยาลัยค่ะ
B：Beliau adalah Smith-sensei, dosen di universitas.

724 クリスマス

<u>クリスマス</u>に パーティーを します。

คริสต์มาส
natal

จัดงานเลี้ยงตอนคริสต์มาส
Saya berpesta pada hari natal.

725 ［お］たんじょうび

A「<u>たんじょうび</u>は いつ ですか。」

B「5月5日です。」
<small>ご がつ いつ か</small>

วันเกิด
ulang tahun

A：วันเกิดของคุณคือเมื่อไรคะ
B：วันที่ 5 พฤษภาคมครับ
A：Kapan ulang tahun Anda? / B：5 Mei.

726 生まれる
<small>う</small>

友だちに 子どもが <u>生まれ</u>ました。
<small>とも</small> <small>こ</small> <small>う</small>

เกิด
lahir

ลูกเพื่อนเกิดแล้ว
Teman saya anaknya lahir.

727 おめでとう
［ございます］

A「おたんじょうび <u>おめでとうございます</u>。」

B「ありがとうございます。」

ขอแสดงความยินดี
Selamat

A：สุขสันต์วันเกิดค่ะ / B：ขอบคุณครับ
A：Selamat ulang tahun. / B：Terima kasih.

728 わあ

A「これ、プレゼントです。」

B「<u>わあ</u>、ありがとうございます。」

ว้าว โอ
Wahh

A：นี่ของขวัญค่ะ / B：โอ ขอบคุณครับ
A：Silakan, ini hadiah untuk Anda.
B：Wahh, terima kasih.

635 - 733

729 ☐	何さい <small>なん</small>	A「ホアンさんは <u>何さい</u>ですか。」 <small>なん</small> B「２１さいです。」 <small>にじゅういっ</small>
	กี่ขวบ กี่ปี อายุเท่าไร **umur berapa, berapa umur**	A：คุณฮวงอายุเท่าไรคะ / B：21 ปีครับ A：Huang-san umur berapa? / B：21 tahun.
730 ☐	［お］いくつ	A「おとうとさんは <u>おいくつ</u>ですか。」 B「１５さいです。」 <small>じゅうご</small>
	อายุเท่าไร **umur berapa, berapa** **umur**	A：น้องชายคุณอายุเท่าไรคะ / B：15 ปีครับ A：Berapa umur adik laki-laki Anda? / B：15 tahun.

731 ☐

　～さい

～ ขวบ ～ ปี
umur ～

1	いっさい
2	にさい
3	さんさい
4	よんさい
5	ごさい
6	ろくさい
7	ななさい
8	はっさい
9	きゅうさい
10	じゅっさい
20	はたち
?	何さい／（お）いくつ <small>なん</small>

732 何日
なんにち

วันที่เท่าไร
tanggal berapa

A「きょうは <u>何日</u>ですか。」
　　　　　　　　なんにち
B「5日です。」
　　いつか

A：วันนี้วันที่เท่าไรคะ / B：วันที่ 5 ครับ
A：Hari ini tanggal berapa? / B：Tanggal 5.

733 □

〜日
にち

1日	2日	3日	4日	5日
ついたち	ふつか	みっか	よっか	いつか
6日	7日	8日	9日	10日
むいか	なのか	ようか	ここのか	とおか
11日	12日	13日	14日	15日
じゅういちにち	じゅうににち	じゅうさんにち	じゅうよっか	じゅうごにち
16日	17日	18日	19日	20日
じゅうろくにち	じゅうしちにち	じゅうはちにち	じゅうくにち	はつか
21日	22日	23日	24日	25日
にじゅういちにち	にじゅうににち	にじゅうさんにち	にじゅうよっか	にじゅうごにち
26日	27日	28日	29日	30日
にじゅうろくにち	にじゅうしちにち	にじゅうはちにち	にじゅうくにち	さんじゅうにち
31日	何日			
さんじゅういちにち	なんにち			

休みの日
やす ひ

วันหยุด / Hari Libur

単語 No.
たん ご

Section 1	のりもの	ยานพาหนะ Kendaraan	734 〜 762
Section 2	どのくらい？	ประมาณเท่าไร Berapa lama?	763 〜 774
Section 3	みち	ถนน Jalan	775 〜 797
Section 4	どこ？	ที่ไหน Di mana?	798 〜 810
Section 5	出かける で	ออกไปข้างนอก Bepergian	811 〜 835

のりもの

ยานพาหนะ / Kendaraan

---

734 えき

- ・とうきょうえき
- ・おおさかえき
- ・ひろしまえき

| สถานีรถไฟ
stasiun | สถานีโตเกียว / สถานีโอซาก้า / สถานีฮิโรชิมา
Stasiun Tokyo / Stasiun Osaka / Stasiun Hiroshima |

---

735 電車
でんしゃ

えきで 電車 に のります。
でんしゃ

| รถไฟ (ที่วิ่งโดยใช้ไฟฟ้า)
kereta | ขึ้นรถไฟที่สถานี
Saya naik kereta di stasiun. |

---

736 のる

きゅうこうに のります。

| ขึ้น (รถ)
naik (kendaraan) | ขึ้นรถด่วน
Saya naik kereta ekspres. |

---

737 おりる

しぶやで 電車を おります。
でんしゃ

| ลง (รถ)
turun | ลงรถไฟที่ชิบุยะ
Saya turun dari kereta di Shibuya. |

---

738 きっぷ

えきで きっぷを 買います。
か

| ตั๋ว
karcis | ซื้อตั๋วที่สถานีรถไฟ
Saya membeli karcis di stasiun. |

---

739 つぎの

つぎの えきは しんじゅくです。

| ถัดไป
berikutnya | สถานีถัดไปคือชินจุกุ
Stasiun berikutnya adalah Shinjuku. |

---

740 のりかえる

とうきょうえきで のりかえます。

| เปลี่ยนรถ (รถไฟ รถเมล์)
berganti kendaraan | เปลี่ยนรถไฟที่สถานีโตเกียว
Saya berganti kereta di stasiun Tokyo. |

741 ☐

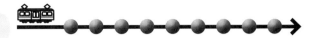

かくえき

(รถไฟ รถเมล์) ธรรมดาจอดทุกสถานี
kereta lokal (berhenti di setiap stasiun)

742 ☐

きゅうこう

(รถไฟ รถเมล์) ด่วน
kereta ekspres

743 ☐

とっきゅう

(รถไฟ รถเมล์) ด่วนพิเศษ
kereta ekspres khusus

744 ☐	しんかんせん	<u>しんかんせん</u>で きょうとへ 行_いきます。
	รถไฟชิงกันเซน shinkansen, kereta super cepat	ไปเกียวโตโดยรถไฟชิงกันเซน Saya pergi ke Kyoto naik shinkansen.
745 ☐	ちかてつ	きょうとえきで <u>ちかてつ</u>に のります。
	รถไฟใต้ดิน kereta bawah tanah	ขึ้นรถไฟใต้ดินที่สถานีเกียวโต Saya naik kereta bawah tanah di stasiun Kyoto.
746 ☐	〜ばんせん	<u>8_{はち}ばんせん</u>で きゅうこうに のります。
	ชานชาลาหมายเลข 〜 peron nomor 〜	ขึ้นรถด่วนที่ชานชาลาหมายเลข 8 Saya naik kereta ekspres di peron nomor 8.
747 ☐	何_{なん}ばんせん	A「しんかんせんは <u>何_{なん}ばんせん</u>ですか。」 B「14 ばんせん_{じゅうよん}です。」
	ชานชาลาหมายเลข อะไร peron nomor berapa	A : รถไฟชิงกันเซนอยู่ที่ชานชาลาหมายเลขอะไรครับ B : ชานชาลาหมายเลข 14 ค่ะ A : Shinkansen di peron nomor berapa? B : Peron nomor 14.

734 - 835

748 ☐	じどうしゃ	トヨタは <u>じどうしゃ</u>の かいしゃです。
	รถยนต์ mobil	โตโยต้าเป็นบริษัทรถยนต์ Toyota adalah perusahaan mobil.
749 ☐	車 < るま>	これは <u>車</u>の ざっしです。 <るま>
	รถยนต์ mobil	นี่เป็นนิตยสารรถยนต์ Ini adalah majalah tentang mobil.
750 ☐	うんてん〈する〉	車を <u>うんてん</u>します。 <るま>
	การขับรถ menyetir	ขับรถยนต์ Saya menyetir mobil.
751 ☐	おくる	A「車で えきまで <u>おくり</u>ましょうか。」 <るま> B「ありがとうございます。」
	ส่ง mengantar, mengirim	A：ผมขับรถไปส่งที่สถานีรถไฟไหมครับ B：ขอบคุณค่ะ A：Bagaimana kalau saya antar dengan mobil sampai stasiun? B：Terima kasih.
752 ☐	ちゅうしゃじょう	<u>ちゅうしゃじょう</u>は ありません。
	ที่จอดรถ ลานจอดรถ tempat parkir mobil	ไม่มีลานจอดรถ Tidak ada tempat parkir mobil.
753 ☐	とめる	・ちゅうしゃじょうに 車を <u>とめ</u>ます。 <るま> ・ここで <u>とめて</u> ください。
	จอด (รถ) หยุด (รถ) memarkir, berhenti	จอดรถที่ลานจอด / กรุณาจอดรถตรงนี้ Saya memarkir mobil di tempat parkir mobil. / Parkirlah di sini!
754 ☐	じてんしゃ	<u>じてんしゃ</u>で えきまで 行きます。 い
	จักรยาน sepeda	ไปสถานีรถไฟโดยจักรยาน Saya pergi naik sepeda sampai stasiun.
755 ☐	バイク	<u>バイク</u>で かいしゃへ 来ました。 き
	มอเตอร์ไซค์ motor	มาบริษัทโดยมอเตอร์ไซค์ Saya datang ke perusahaan naik motor.

756	バス	<u>バス</u>で なごやに 行きました。
☐	รถประจำทาง รถเมล์ รถบัส bus	ไปนาโงย่าโดยรถบัส Saya telah pergi ke Nagoya naik bus.
757	タクシー	<u>タクシー</u>に のりましょう。
☐	แท็กซี่ taksi	ขึ้นแท็กซี่กันเถอะ Mari kita naik taksi.
758	ひこうき	<u>ひこうき</u>で 3 時間ぐらいです。
☐	เครื่องบิน pesawat terbang	ใช้เวลาประมาณ 3 ชั่วโมงโดยเครื่องบิน Naik pesawat kira-kira 3 jam.
759	ふね	よこはまで <u>ふね</u>に のります。
☐	เรือ kapal laut	ขึ้นเรือที่โยโกฮาม่า Saya naik kapal laut sampai Yokohama.
760	のりば	バス<u>のりば</u>は どこですか。
☐	จุดรอขึ้นรถ (รถเมล์ รถบัส แท็กซี่) tempat perhentian, halte	จุดรอขึ้นรถเมล์อยู่ที่ไหนครับ Halte bus di mana?
761	くうこう	<u>くうこう</u>は なりたに あります。
☐	สนามบิน bandara	สนามบินอยู่ที่เมืองนาริตะ Bandara ada di Narita.
762	じこくひょう	えきに <u>じこくひょう</u>が あります。
☐	ตารางเวลาเดินรถ informasi jadwal keberangkatan	ที่สถานีรถไฟมีตารางเวลาเดินรถ Ada informasi jadwal keberangkatan kereta di stasiun.

734 · 835

どのくらい？

ประมาณเท่าไร / Berapa lama?

763 ☐	時間 じかん	・時間が あります。 　じかん ・時間が ありません。 　じかん
	เวลา waktu	มีเวลา / ไม่มีเวลา Ada waktu. / Tidak ada waktu.
764 ☐	いそぐ	<u>いそぎ</u>ましょう。
	รีบ เร่งรีบ tergesa, bergegas	รีบ (ไป) กันเถอะ Mari bergegas!
765 ☐	どのくらい／ぐらい	大学まで <u>どのくらい</u> かかりますか。 だいがく
	ประมาณเท่าไร kira-kira berapa	(จากที่นี่) ไปถึงมหาวิทยาลัยใช้เวลาประมาณเท่าไร Sampai universitas kira-kira perlu waktu berapa lama?
766 ☐	かかる	じてんしゃで 10分ぐらい <u>かかり</u>ます。 　　　　　　じゅっぷん
	ใช้ (เวลา เงิน) เสีย (เวลา เงิน) makan waktu, perlu waktu	ใช้เวลาประมาณ 10 นาทีโดยจักรยาน Naik sepeda perlu waktu kira-kira 10 menit.
767 ☐	ちかい	大学は えきから <u>ちかい</u>です。 だいがく
	ใกล้ dekat	มหาวิทยาลัยอยู่ใกล้สถานีรถไฟ Universitas dekat dari stasiun.
768 ☐	とおい	としょかんは うちから <u>とおい</u>です。
	ไกล jauh	หอสมุดอยู่ไกลจากบ้าน Perpustakaan jauh dari rumah.
769 ☐	ずっと	とっきゅうの ほうが きゅうこうより <u>ずっと</u> はやいです。
	อย่างมาก jauh lebih	รถด่วนพิเศษเร็วกว่ารถด่วนมาก Kereta ekspres khusus jauh lebih cepat dari pada kereta ekspres.

770 いつも

いつも ひこうきで おおさかへ 行きます。

เสมอ เป็นประจำ

selalu

ไปโอซาก้าโดยเครื่องบินเสมอ

Saya selalu pergi ke Osaka naik pesawat terbang.

771 たいてい

たいてい バスで 帰ります。

ส่วนมาก

lumayan sering

ส่วนมากจะกลับโดยรถบัส

Saya lumayan sering pulang naik bus.

772 よく

よく こうえんを さんぽします。

บ่อย ๆ

sering

เดินเล่นที่สวนสาธารณะบ่อย ๆ

Saya sering berjalan-jalan di taman.

773 ときどき

ときどき タクシーに のります。

บางครั้ง นาน ๆ ครั้ง

kadang-kadang,

kadang kala

บางครั้งก็ขึ้นแท็กซี่

Saya kadang-kadang naik taksi.

774 だけ

1 かいだけ ひこうきに のったことが あります。

เท่านั้น

hanya, cuma

เคยขึ้นเครื่องบินครั้งเดียวเท่านั้น

Saya hanya pernah satu kali naik pesawat terbang.

みち

ถนน / Jalan

---

775 □ どうやって

A 「くうこうまで どうやって 行きますか。」
B 「しんじゅくから バスで 行きます。」

อย่างไร
**dengan cara apa,
bagaimana caranya**

A : ไปสนามบินอย่างไรครับ
B : ไปโดยรถบัสจากชินจุกุค่ะ
A : Bagaimana caranya pergi sampai ke bandara?
B : Naik bus dari Shinjuku.

---

776 □ あるく

あるいて スーパーに 行きます。

เดิน
berjalan kaki

เดินไปซูเปอร์มาร์เกต
Saya pergi ke pasar swalayan dengan berjalan kaki.

---

777 □ みち

この みちを しって います。

ถนน ทาง
jalan

รู้จักถนนสายนี้
Saya tahu jalan ini.

---

778 □ まっすぐ

この みちを まっすぐ 行って ください。

ตรงไปข้างหน้า
lurus

กรุณาตรงไปตามถนนสายนี้
Berjalanlah lurus mengikuti jalan ini!

---

779 □ まがる

しんごうを 左に まがります。

เลี้ยว
berbelok

เลี้ยวซ้ายตรงสัญญาณไฟจราจร
Saya berbelok ke kiri di lampu lalu lintas.

---

780 □ わたる

この はしを わたります。

ข้าม
menyeberang

ข้ามสะพานนี้
Saya menyeberangi jembatan ini.

---

781 □ せつめい〈する〉

行きかたを せつめいして ください。

การอธิบาย คำอธิบาย
menjelaskan

ช่วยอธิบายวิธีไปด้วยครับ
Tolong jelaskan cara perginya!

782	かど

มุม หัวมุม
tikungan jalan

783	こうさてん

สี่แยก
perempatan jalan

784	しんごう

สัญญาณไฟจราจร
lampu lalu lintas

785	左 ひだり

ซ้าย
kiri

786	右 みぎ

ขวา
kanan

787	はし

สะพาน
jembatan

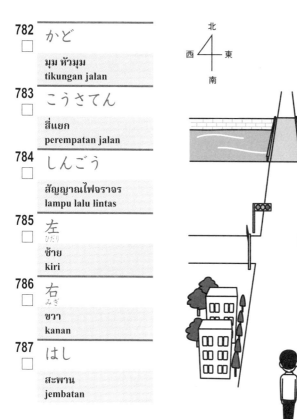

734- 835

788 東 ひがし
ทิศตะวันออก
timur

789 西 にし
ทิศตะวันตก
barat

790 南 みなみ
ทิศใต้
selatan

791 北 きた
ทิศเหนือ
utara

792 いくつ目
め

ลำดับที่เท่าไร
ke berapa

A 「ぎんこうへ 行きたいです。
　　いくつ目の こうさてんですか。」
　　め

B 「3つ目ですよ。」

A : ผมต้องการไปธนาคารครับ ธนาคารอยู่ตรง
　　สี่แยกที่เท่าไรครับ
B : อยู่ตรงสี่แยกที่ 3 ค่ะ
A : Saya ingin pergi ke bank. Di perempatan ke berapa?
B : Di perempatan ke-3.

793

1つ目
ひと　め

ลำดับที่ 1
pertama

794

2つ目
ふた　め

ลำดับที่ 2
kedua

795

3つ目
みっ　め

ลำดับที่ 3
ketiga

796 何メートル
なん

กี่เมตร
berapa meter

A 「何メートルぐらい あるきますか。」
　　なん

A : เดินประมาณกี่เมตรครับ
A : Anda berjalan kira-kira berapa meter?

797 ～メートル

～ เมตร
～ meter

B 「500メートルぐらい あるきます。」
　　ごひゃく

B : เดินประมาณ 500 เมตรครับ
B : Saya berjalan kira-kira 500 meter.

どこ？

ที่ไหน / Di mana?

798 ☐

となり

ข้าง ๆ ข้างเคียง (ที่อยู่ติดกัน)
sebelah, samping

799 ☐

間

ระหว่าง
antara

800 ☐

ちかく

ใกล้ ๆ
dekat

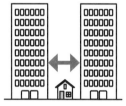

801 ☐

上

ข้างบน เหนือ...
atas

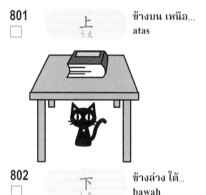

802 ☐

下

ข้างล่าง ใต้...
bawah

803 ☐

まえ →

ข้างหน้า
depan

804 ☐

うしろ

ข้างหลัง
belakang

805 ☐

中
なか

ข้างใน
dalam

806 ☐

外
そと

ข้างนอก
luar

807 ☐

あそこ

ที่โน่น ตรงโน้น
sana

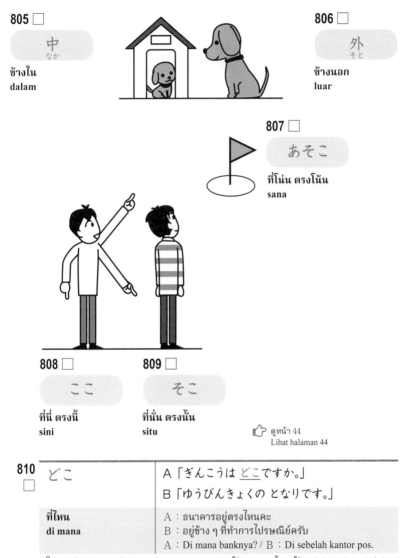

808 ☐

ここ

ที่นี่ ตรงนี้
sini

809 ☐

そこ

ที่นั่น ตรงนั้น
situ

👉 ดูหน้า 44
Lihat halaman 44

810 ☐ どこ	A 「ぎんこうは <u>どこ</u>ですか。」 B 「ゆうびんきょくの となりです。」
ที่ไหน di mana	A : ธนาคารอยู่ตรงไหนคะ B : อยู่ข้าง ๆ ที่ทำการไปรษณีย์ครับ A : Di mana banknya? / B : Di sebelah kantor pos.

👉 หากต้องการพูดคำว่า ここ, そこ, あそこ และ どこ ให้สุภาพมากขึ้น จะใช้ こちら, そちら, あちら
และ どちら แทน และจะใช้ こっち, そっち, あっち และ どっち เมื่อพูดคุยอย่างเป็นกันเองกับเพื่อน
Ketika mengatakan "koko", "soko", "asoko" dan "doko" dalam bentuk sopan maka digunakan
"kochira", "sochira", "achira", dan "dochira". Dalam percakapan tidak resmi dengan teman dapat
digunakan "kocchi", "socchi", "acchi", dan "docchi".

Section **5**

出かける
で

ออกไปข้างนอก / Bepergian

811 出かける
で

日よう日に よく <u>出かけ</u>ます。
にち び　　　　　で

ออกไปข้างนอก
bepergian

มักจะออกไปข้างนอกในวันอาทิตย์
Saya sering bepergian pada hari Minggu.

812 出る
で

① 8時に うちを <u>出</u>ます。
　はち じ　　　　で
② きょねん、高校を <u>出</u>ました。
　　　　こうこう　で

ออก
keluar, lulus

① ออกจากบ้านตอน 8 โมง
② จบมัธยมปลายเมื่อปีที่แล้ว
① Saya keluar rumah jam 8.
② Tahun lalu saya lulus SMA.

👉 ① ออกไปข้างนอก ② จบการศึกษา / ① pergi ke luar ② lulus

813 つく

10 時に かいしゃに <u>つき</u>ます。
じゅう じ

ถึง
tiba, sampai

ถึงบริษัทตอน 10 โมง
Saya sampai di perusahaan jam 10.

814 あう

えきで 友だちに <u>あい</u>ます。
　　　とも

พบ เจอ
bertemu

พบกับเพื่อนที่สถานีรถไฟ
Saya menemui teman di stasiun.

815 まつ

1時間 友だちを <u>まち</u>ました。
いち じ かん とも

รอ คอย
menunggu

รอเพื่อน 1 ชั่วโมง
Saya telah menunggu teman saya 1 jam.

816 デート〈する〉

あした、かのじょと <u>デート</u>します。

การออกเดท
berkencan

พรุ่งนี้จะออกเดทกับแฟนสาว
Besok saya akan berkencan dengan pacar (perempuan)
saya.

817 やくそく〈する〉

友だちと <u>やくそく</u>が あります。
とも

การนัดหมาย การสัญญา
berjanji

มีนัดกับเพื่อน
Saya ada janji dengan teman.

734 · 835

133

818 □ ようじ	きょうは <u>ようじ</u> が あります。
ธุระ keperluan	วันนี้มีธุระ Hari ini saya ada keperluan.
819 □ つごうが いい	きょうは <u>つごうが いい</u>です。
สะดวก kesempatan baik, waktunya cocok	วันนี้สะดวก Hari ini kesempatannya baik.
820 □ つごうが わるい	あしたは <u>つごうが わるい</u>です。
ไม่สะดวก kesempatan buruk, waktunya buruk	พรุ่งนี้ไม่สะดวก Besok kesempatannya buruk.
821 □ だめです	A「きょうは <u>だめですか</u>。」 B「はい。きょうは ちょっと……。」
ไม่ได้ tidak boleh, tidak bisa	A : วันนี้ไม่ได้เหรอครับ B : ค่ะ วันนี้ไม่สะดวก... A : Apakah hari ini tidak bisa? B : Ya. Hari ini cukup sulit sepertinya.
822 □ かえる	やくそくの 時間を <u>かえ</u>ます。 じかん
เปลี่ยน mengubah	เปลี่ยนเวลานัดหมาย Saya mengubah jam janjian.
823 □ お出かけですか で	A「<u>お出かけですか</u>。」
จะออกไปข้างนอกหรือ Apakah Anda akan bepergian?	A : จะออกไปข้างนอกหรือครับ A : Apakah Anda akan bepergian?
824 □ ちょっと～まで	B「はい、<u>ちょっと</u> しんじゅく<u>まで</u>。」
จะไป ～ สักหน่อย Pergi sebentar sampai ～	B : ครับ จะไปชินจุกุสักหน่อย B : Iya, saya akan pergi sebentar ke Shinjuku.

825
☐

よかったら〜

A「<u>よかったら</u> いっしょに ひろしまへ
　行きませんか。」
B「はい、ぜひ。」

ถ้าไม่รังเกียจ 〜
ถ้าไม่ติดอะไร 〜
Jika berkenan 〜

A：ถ้าไม่ติดอะไร ไปฮิโรชิมาด้วยกันไหมครับ
B：ค่ะ ไปค่ะ
A：Jika berkenan, maukah Anda pergi bersama ke Hiroshima?
B：Ya, saya mau sekali.

826
☐

すみません

① <u>すみません</u>。きょうは ようじが あります。
② <u>すみません</u>。ぎんざまで いくらですか。

ขอโทษ
permisi, maaf

① ขอโทษครับ วันนี้มีธุระ
② ขอโทษค่ะ ไปถึงกินซ่าเท่าไรคะ
① Maaf. Hari ini saya ada keperluan.
② Permisi. Sampai Ginza berapa (ongkosnya)?

👉 ① ใช้แสดงความเสียใจหรือขอรับผิด ② ใช้เรียกความสนใจจากใครสักคน
　① Digunakan ketika minta maaf ② digunakan untuk menyapa seseorang

---

827
☐

〜でも〜ませんか

A「お茶<u>でも</u> 飲み<u>ませんか</u>。」

(คำกริยา) 〜 (หรือ
อะไรอย่างอื่น) กันไหม
Maukah 〜

A：ไปดื่มน้ำชา (หรือเครื่องดื่มอย่างอื่น) กันไหมครับ
A：Maukah minum teh?

828
☐

〜は ちょっと……

B「すみません。きょうは <u>ちょっと</u>……。」

〜 ไม่สะดวก...
Kalau 〜 maaf …

B：ขอโทษครับ วันนี้ไม่สะดวก...
B：Maaf. Hari ini sepertinya tidak bisa.

829
☐

ざんねんですが

A「あした、えいがを 見ませんか。」
B「<u>ざんねんですが</u>、あしたは ちょっと……。」

น่าเสียดาย
sayang sekali

A：พรุ่งนี้ไปดูหนังด้วยกันไหมครับ
B：น่าเสียดายจัง พรุ่งนี้ไม่สะดวกค่ะ...
A：Maukah besok menonton film?
B：Sayang sekali, besok sepertinya sulit.

830
☐

また こんど
おねがいします

B「<u>また こんど</u> おねがいします。」

ไว้คราวหน้า
Kalau begitu lain kali saja.

B：ไว้คราวหน้านะครับ
B：Kalau begitu lain kali saja.

831 ☐ チャンス	<u>チャンス</u>が あったら、 ほっかいどうへ 行きたいです。
โอกาส **kesempatan**	ถ้ามีโอกาส อยากไปฮอกไกโด Kalau ada kesempatan, saya ingin pergi ke Hokkaido.

ไปแล้วนะครับ
Saya akan pergi dan nanti kembali lagi. (Diucapkan ketika akan keluar rumah)

เดินทางปลอดภัยนะจ๊ะ
Selamat jalan.

832 ☐ いってきます。

833 ☐ いってらっしゃい。

กลับมาแล้วครับ
Saya kembali pulang.

ยินดีต้อนรับกลับบ้านจ๊ะ
Selamat pulang kembali.

834 ☐ ただいま。

835 ☐ おかえりなさい。

N5
Chapter

9

すむ

อยู่อาศัย พักอาศัย / Tinggal

単語 No.

Section **1**	いえ	บ้าน Rumah	836 〜 862
Section **2**	アパートの 2かい ชั้น 2 ของอพาร์ตเมนต์に / Apartemen lantai 2		863 〜 872
Section **3**	ひっこし	การย้ายบ้าน Pindahan	873 〜 892
Section **4**	先生の いえ せんせい	บ้านอาจารย์ Rumah Guru saya	893 〜 924
Section **5**	電気 でん き	ไฟฟ้า Lampu	925 〜 942

いえ

บ้าน / Rumah

836

いえ	わたしの いえは ふくおかに あります。
บ้าน rumah	บ้านของฉันอยู่ที่ฟุกุโอกะ Rumah saya ada di Fukuoka.

837

へや	へやに キッチンが あります。
ห้อง ruangan, kamar, indekos	ในห้องมีครัว Di ruangan ada dapur.

838

まど	まどを あけます。
หน้าต่าง jendela	เปิดหน้าต่าง Saya membuka jendela.

839

ドア	ドアを しめます。
ประตู pintu	ปิดประตู Saya menutup pintu.

840

あける	ドアを あけないで ください。
เปิด... membuka	กรุณาอย่าเปิดประตู Jangan membuka pintu!

841

しめる	まどを しめても いいですか。
ปิด... menutup	ขอปิดหน้าต่างได้ไหม Bolehkah menutup jendelanya?

842

かぎ	これは アパートの かぎです。
กุญแจ kunci	นี่เป็นกุญแจพาร์ตเมนต์ Ini adalah kunci apartemen.

843

ベッド	へやに ベッドが あります。
เตียง tempat tidur, kasur	ในห้องมีเตียง Di kamar ada tempat tidur.

844 ☐

ダイニングキッチン

ห้องอาหารและครัว
ruang makan dapur

846 ☐

トイレ／おてあらい

ห้องน้ำ
toilet, WC, kamar kecil

845 ☐

わしつ

ห้องแบบญี่ปุ่น
ruangan gaya Jepang

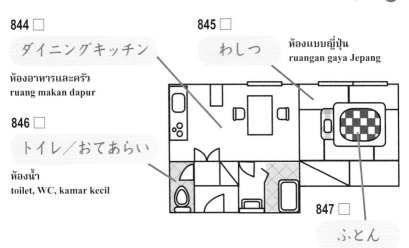

847 ☐

ふとん

ฟูตง ฟูกนอนที่นอน
kasur lipat

844		
848 ☐	テーブル	ダイニングキッチンに <u>テーブル</u>が あります。
	โต๊ะ meja	ในห้องอาหารและครัวมีโต๊ะ Ada meja di ruang makan dapur.
849 ☐	つくえ	じしょは <u>つくえ</u>の 上です。 <small>うえ</small>
	โต๊ะเรียน โต๊ะทำงาน meja	พจนานุกรมอยู่บนโต๊ะ Kamus ada di atas meja.
850 ☐	いす	<u>いす</u>に すわります。
	เก้าอี้ kursi	นั่งบนเก้าอี้ Saya duduk di kursi.
851 ☐	すわる	どうぞ <u>すわって</u> ください。
	นั่ง duduk	เชิญนั่งค่ะ Silakan duduk!
852 ☐	立つ <small>た</small>	ララちゃんは いえの まえに <u>立って</u> います。 <small>た</small>
	ยืน berdiri	หนูลาร่ายืนอยู่หน้าบ้าน Lara-chan berdiri di depan rumah.

836 - 942

853 せんたく〈する〉

1しゅうかんに 1かい、せんたくします。
いっ　　　　い

การซักผ้า
mencuci pakaian

ซักผ้าสัปดาห์ละครั้ง
Saya mencuci pakaian 1 kali 1 minggu.

854 そうじ〈する〉

まいにち、そうじします。

การทำความสะอาด
membersihkan,
melakukan bersih-
bersih, menyapu

ทำความสะอาด (บ้าน) ทุกวัน
Setiap hari saya bersih-bersih.

855 ごみ

ごみの 日は 木よう日です。
ひ　　もく　び

ขยะ
sampah

วันเก็บขยะคือวันพฤหัสบดี
Hari pembuangan sampah adalah hari Kamis.

856 すてる

木よう日に ごみを すてます。
もく　び

ทิ้ง
membuang

ทิ้งขยะวันพฤหัสบดี
Saya membuang sampah pada hari Kamis.

857 おく

ここに にもつを おいて ください。

วาง
meletakkan, menaruh

กรุณาวางสัมภาระตรงนี้
Taruhlah barang di sini!

858 すむ

かぞくは タイに すんで います。

อยู่อาศัย พักอาศัย
tinggal

ครอบครัวฉันอาศัยอยู่ที่เมืองไทย
Keluarga saya tinggal di Thailand.

859 じゅうしょ

ここに じゅうしょを 書いて ください。
か

ที่อยู่
alamat

กรุณาเขียนที่อยู่ตรงนี้
Tulislah alamat di sini!

860 ☐

れいぞうこ

ตู้เย็น
kulkas

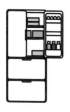

861 ☐

せんたくき

เครื่องซักผ้า
mesin cuci

862 ☐

そうじき

เครื่องดูดฝุ่น
mesin penghisap debu

アパートの 2かい
に

ชั้น 2 ของอพาร์ตเมนต์ / Apartemen lantai 2

---

863 □ たてもの

A「デパートは どの <u>たてもの</u>ですか。」
B「あの たてものです。」

อาคาร สิ่งก่อสร้าง
bangunan

A : ห้างสรรพสินค้าคืออาคารหลังไหนครับ
B : อาคารหลังโน้นค่ะ
A : Bangunan yang mana super marketnya.
B : Bangunan itu.

---

864 □ アパート

<u>アパート</u>の 2かいに すんで います。
に

อพาร์ตเมนต์
apartemen, kos

ผมอาศัยอยู่ที่ชั้น 2 ของอพาร์ตเมนต์
Saya tinggal di lantai dua apartemen.

---

865 □ りょう

ホアンさんは <u>りょう</u>に すんで います。

หอพัก
asrama

คุณฮวงอาศัยอยู่ที่หอพัก
Huang-san tinggal di asrama.

---

866 □ ビル

かいしゃは あの <u>ビル</u>です。

ตึก อาคาร
gedung

บริษัทอยู่ในตึกโน้น
Gedung itu adalah perusahaan saya.

---

867 □ かいだん

<u>かいだん</u>は あそこです。

บันได
tangga

บันไดอยู่ตรงโน้น
Tangganya di sana.

---

868 □ エスカレーター

<u>エスカレーター</u>で 5かいに 行きます。
い

บันไดเลื่อน
eskalator

ขึ้นบันไดเลื่อนไปชั้น 5
Saya pergi ke lantai 5 dengan eskalator.

---

869 □ エレベーター

<u>エレベーター</u>に のりましょう。

ลิฟต์
elevator, lift

ขึ้นลิฟต์กันเถอะ
Mari naik elevator!

870
何かい / がい
なん

A「ホアンさんの へやは <u>何がい</u>ですか。」
なん
B「2かいです。」
に

ชั้นไหน
lantai berapa

A：ห้องคุณฮวงอยู่ชั้นไหนครับ / B：ชั้น 2 ค่ะ
A：Kamar Huang-san lantai berapa? / B：Lanatai 2.

871 ☐

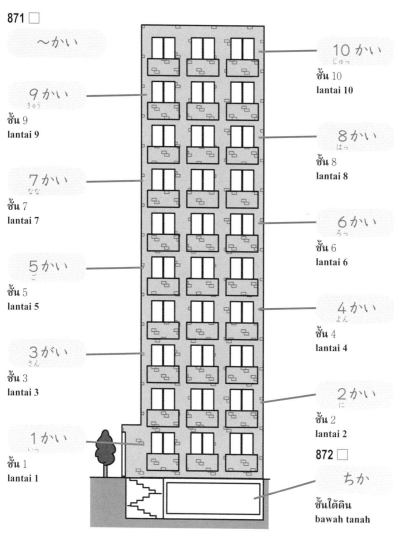

～かい

10 かい
じゅっ
ชั้น 10
lantai 10

9 かい
きゅう
ชั้น 9
lantai 9

8 かい
はっ
ชั้น 8
lantai 8

7 かい
なな
ชั้น 7
lantai 7

6 かい
ろっ
ชั้น 6
lantai 6

5 かい
ご
ชั้น 5
lantai 5

4 かい
よん
ชั้น 4
lantai 4

3 がい
さん
ชั้น 3
lantai 3

2 かい
に
ชั้น 2
lantai 2

1 かい
いっ
ชั้น 1
lantai 1

872 ☐

ちか
ชั้นใต้ดิน
bawah tanah

836・942

143

ひっこし

การย้ายบ้าน / Pindahan

873	ひっこし	ひっこしは いつですか。
	การย้ายบ้าน pindahan	จะย้ายบ้านเมื่อไรคะ Kapan pindahan?
874	てんきん〈する〉	らいげつ、おおさかへ てんきんします。
	การย้ายสถานที่ทำงาน pindah kantor	เดือนหน้าจะย้ายไปทำงานที่โอซาก้า Bulan depan saya pindah ke kantor Osaka.
875	やちん	ここは やちんが 高いです。
	ค่าเช่าบ้าน uang sewa rumah	ที่นี่ค่าเช่าบ้านแพง Di sini uang sewa rumah mahal.
876	ところ	A「どんな ところに すみたいですか。」 B「べんりな ところに すみたいです。」
	สถานที่ tempat	A：อยากอาศัยอยู่ในสถานที่แบบไหนคะ B：อยากอาศัยอยู่ในสถานที่ที่สะดวกสบายครับ A：Anda ingin tinggal di tempat yang bagaimana? B：Saya ingin tinggal di tempat yang praktis.
877	いなか	いなかが 好きです。
	ชนบท บ้านนอก pedesaan	ชอบชนบท Saya suka pedesaan.
878	しずかな	しずかな ところが 好きです。
	เงียบ เงียบสงบ tenang	ชอบสถานที่ที่เงียบสงบ Saya suka tempat yang tenang.
879	にぎやかな	にぎやかな ところに すみたいです。
	ครึกครื้น จอแจ อึกทึก ramai	อยากอาศัยอยู่ในสถานที่ที่มีผู้คนจอแจ Saya ingin tinggal di tempat yang ramai.

880 べんりな

スーパーが ちかいです。<u>べんり</u>です。

สะดวกสบาย
praktis

ซูเปอร์มาร์เกตอยู่ใกล้ ๆ สะดวกดี
Super marketnya dekat. Praktis.

881 ふべんな

この アパートは えきから とおいです。<u>ふべん</u>です。

ไม่สะดวกสบาย
tidak praktis

อพาร์ตเมนต์แห่งนี้อยู่ไกลจากสถานีรถไฟ ไม่สะดวก
Apartemen ini jauh dari stasiun. Tidak praktis.

882 こうつう

ここは <u>こうつう</u>が ふべんです。

การคมนาคม การจราจร
การเดินทาง
lalu lintas, transportasi

ที่นี่การเดินทางไม่สะดวก
Transportasi di sini tidak praktis.

883 にわ

<u>にわ</u>に 犬が います。

สวน
halaman, pekarangan

มีสุนัขอยู่ในสวน
Ada anjing di halaman.

884 木

にわに <u>木</u>が あります。

ต้นไม้
pohon

มีต้นไม้อยู่ในสวน
Ada pohon di halaman.

885 みどり

かまくらは <u>みどり</u>が 多いです。

ต้นไม้ พืช (ที่มีสีเขียว)
pepohonan hijau

เมืองคามาคุระมีต้นไม้มาก
Di Kamakura ada banyak pepohonan hijau.

886 わかい

この 町は <u>わかい</u> 人が 多いです。

หนุ่มสาว อายุน้อย
muda

เมืองนี้มีคนหนุ่มสาวมาก
Kota ini banyak pemudanya.

887 年を とる

80 さいです。<u>年を とり</u>ました。

อายุมากขึ้น
menua, sudah tua

ฉันอายุ 80 ปี อายุมากแล้ว
Umur saya 80 tahun. Saya sudah tua.

888 しゃくしょ

<u>しゃくしょ</u>は えきの ちかくです。

สำนักงานเทศบาล เมือง
kantor pemerintah
daerah

สำนักงานเทศบาลเมืองอยู่ใกล้กับสถานีรถไฟ
Kantor pemerintah daerah di dekat stasiun.

889 ☐

ひろい

กว้าง
luas

890 ☐

せまい

แคบ
sempit

891 ☐

新しい
あたら

ใหม่
baru

892 ☐

古い
ふる

เก่า
lama, tua

Section 4

先生の いえ
せんせい

บ้านอาจารย์ / Rumah Guru saya

ยินดีต้อนรับ
Selamat datang.

893 □ いらっしゃい。

894 □
どうぞ おあがり
ください。

เชิญเข้ามาข้างในค่ะ
Silakan masuk!

895 □ しつれいします。　ขออนุญาตครับ
Permisi.

ได้เวลาต้องขอตัวกลับแล้วครับ
Saya akan pamit sebentar lagi.

896 □
そろそろ
しつれいします。

897 □
また いらっしゃって
ください。

แล้วมาเที่ยวอีกนะคะ
Silakan datang lagi!

898 おっと

あねの <u>おっと</u>は かいしゃいんです。

サミ
suami

สามีของพี่สาวเป็นพนักงานบริษัท
Suami kakak saya adalah karyawan perusahaan.

899 つま

あにの <u>つま</u>は にほんじんです。

ภรรยา
istri

ภรรยาของพี่ชายเป็นคนญี่ปุ่น
Istri kakak saya adalah orang Jepang.

900 ごしゅじん

たなかさんの <u>ごじゅじん</u>は しゃちょうです。

สามี (ของผู้อื่น)
suami orang lain

สามีของคุณทานากะเป็นประธานบริษัท
Suami Tanaka-san adalah direktur.

901 おくさん

山田さんの <u>おくさん</u>は りょうりが じょうずです。
や まだ

ภรรยา (ของผู้อื่น)
istri orang lain

ภรรยาของคุณยามาดะทำอาหารเก่ง
Istri Yamada-san pintar memasak.

902 しょうかい〈する〉

先生に 友だちを <u>しょうかい</u>します。
せんせい　と も

การแนะนำ
memperkenalkan

แนะนำเพื่อนให้อาจารย์รู้จัก
Saya memperkenalkan teman saya kepada guru saya.

903 こちらは～さんです

A「<u>こちらは</u> アリ<u>さんです。</u>」

นี่คือคุณ ～
Dia adalah ～ san. / Ini
adalah ～ san.

A : นี่คือคุณอาลีครับ
A : Dia adalah Ali-san.

904 これから
おせわに なります

B「はじめまして、アリです。
　　<u>これから おせわに なります。</u>」

จากนี้ไปหวังว่าจะ
ได้รับความกรุณา
Mohon kerja samanya
mulai sekarang.

B : ยินดีที่ได้รู้จักครับ อาลีครับ
　　จากนี้ไปหวังว่าจะได้รับความกรุณา
B : Perkenalkan, saya Ali. Mohon kerja samanya mulai
　　sekarang.

905 いらっしゃいます

A「ごりょうしんは どちらに <u>いらっしゃいます</u>か。」

B「トルコに います。」

อยู่
ada

A : คุณพ่อคุณแม่ของคุณอยู่ที่ไหนครับ
B : อยู่ที่ตุรกีค่ะ
A : Orang tua Anda ada di mana?
B : Turki.

906

どくしん | あには <u>どくしん</u>です。

| โสด
lajang | พี่ชายยังโสด
Kakak laki-laki saya lajang. |

907

けっこん〈する〉 | らいげつ、<u>けっこんし</u>ます。

| การแต่งงาน
menikah | จะแต่งงานเดือนหน้า
Saya akan menikah bulan depan. |

908

ぼく | A「何を 飲む?」
B「<u>ぼく</u>は ジュース。」

| ผม (สรรพนามบุรุษที่ 1)
saya | A：จะดื่มอะไรดี / B：ผมขอน้ำผลไม้ครับ
A：Mau minum apa? / B：Saya jus. |

👉 เด็กผู้ชายมักใช้ ぼく แทน わたし เพื่อเรียกแทนตัวเอง
Anak laki-laki lebih sering menggunakan ぼく daripada わたし untuk menyebutkan diri mereka sendiri.

909

ありがとう
ございました | きょうは <u>ありがとうございました</u>。

| ขอบคุณ
Terima kasih | วันนี้ขอบคุณนะครับ
Terima kasih untuk hari ini. |

910

いろいろ[と] | <u>いろいろ</u> ありがとうございました。

| สารพัด ทุกอย่าง
**segalanya, semuanya,
banyak hal** | ขอบคุณสำหรับทุกอย่าง
Terima kasih atas segalanya. |

911

おせわに なりました | A「<u>おせわに なりました</u>。」
B「いいえ、こちらこそ。」

| ขอบคุณในความ
กรุณาตลอดเวลา
ที่ผ่านมา
**Terima kasih sudah
membantu saya.** | A：ขอบคุณในความกรุณาตลอดเวลาที่ผ่านมาครับ
B：ไม่เลย ฉันเองก็ต้องขอบคุณเช่นกันค่ะ
A：Terima kasih sudah membantu saya.
B：Tidak apa-apa, sama-sama. |

912

気を つけて | <u>(お)気を つけて</u>。

| ระวังตัว รักษาตัว
Berhati-hatilah! | รักษาตัวด้วยนะ
Berhati-hatilah! |

913 あぶない

A「あぶないです。気を つけて ください。」
B「はい。」

อันตราย
berbahaya

A : อันตราย ระวังตัวด้วยนะครับ
B : ค่ะ
A : Berbahaya! Berhati-hatilah!
B : Baiklah.

914 しゅうまつ

しゅうまつ、デートを します。

สุดสัปดาห์
akhir minggu,
akhir pekan

สุดสัปดาห์นี้จะไปเดท
Saya akan berkencan pada akhir pekan.

915 はじめ

きょねんの はじめに 日本へ 来ました。

ต้น ตอนต้น เริ่มแรก
awal

มาญี่ปุ่นเมื่อต้นปีที่แล้ว
Awal tahun lalu saya datang ke Jepang.

916 おわり

こんげつの おわりに くにへ 帰ります。

ปลาย ท้าย
akhir

จะกลับประเทศปลายเดือนนี้
Saya akan pulang ke negara saya akhir bulan ini.

917 ☐

おととい (きのう) (きょう) (あした)

เมื่อวานซืน
dua hari yang lalu

918 ☐

あさって

วันมะรืนนี้
lusa

919 ☐

せんしゅう

สัปดาห์ที่แล้ว
minggu lalu

920 ☐

こんしゅう

สัปดาห์นี้
minggu ini

921 ☐

らいしゅう

สัปดาห์หน้า
minggu depan

922 ☐

せんげつ

เดือนที่แล้ว
bulan lalu

923 ☐

こんげつ

เดือนนี้
bulan ini

924 ☐

らいげつ

เดือนหน้า
bulan depan

925 ☐	電気 でんき	電気を つけて ください。 でんき
	ไฟ ไฟฟ้า listrik, lampu	กรุณาเปิดไฟ Nyalakan lampunya!
926 ☐	つける	エアコンを つけます。
	เปิด (สวิตช์) menyalakan	เปิดเครื่องปรับอากาศ Saya menyalakan AC.
927 ☐	けす	電気を けします。 でんき
	ปิด (สวิตช์) ดับ (ไฟ) memadamkan	ปิดไฟ Saya memadamkan lampu.
928 ☐	明るい あか	電気を つけると、明るく なります。 でんき　　　　　　あか
	สว่าง terang	พอเปิดไฟก็จะสว่างขึ้น Setelah lampu dinyalakan menjadi terang.
929 ☐	暗い くら	へやが 暗いです。 くら
	มืด gelap	ห้องมืด Ruangannya gelap.
930 ☐	エアコン	へやに エアコンが あります。
	เครื่องปรับอากาศ AC	ในห้องมีเครื่องปรับอากาศ Di ruangan ada AC.
931 ☐	ビデオ	しゅうまつ、ビデオを 見ます。 み
	วิดีโอ video	ช่วงสุดสัปดาห์จะดูวิดิโอ Saya menonton video di akhir minggu.
932 ☐	スイッチ	スイッチは ドアの 右です。 みぎ
	สวิตช์ saklar	สวิตช์ไฟอยู่ทางด้านขวาของประตู Saklarnya adadi sebelah kanan pintu.

933 ☐	まわす	これを 左に まわすと、おゆが 出ます。 ひだり て
	หมุน memutar	พอหมุนนี่ไปทางซ้าย น้ำร้อนก็จะออกมา Kalau ini diputar ke kiri, air panasnya akan keluar.
934 ☐	ひく	これを ひくと、水が 出ます。 みず て
	ดึง menarik	พอดึงนี่ น้ำก็จะออกมา Kalau ini ditarik, airnya akan keluar.
935 ☐	うごく	スイッチを おすと、うごきます。
	เคลื่อนไหว ขยับเขยื้อน menggerakkan	พอกดสวิตช์ มันก็จะเคลื่อนไหว Kalau saklarnya ditekan, akan bergerak.
936 ☐	音 おと	ラジオの 音が 小さいです。 おと ちい
	เสียง bunyi	เสียงวิทยุเบา Bunyi radionya kecil.
937 ☐	もし［〜たら］	もし こしょうしたら、しゅうりします。
	ถ้า 〜 kalau (〜 jika)	ถ้าเสียก็จะซ่อม Kalau rusak, direparasi.
938 ☐	こしょう〈する〉	エアコンが こしょうしました。
	การเสีย การพัง **การชำรุด** rusak	เครื่องปรับอากาศเสีย Acnya rusak.
939 ☐	しゅうり〈する〉	エアコンを しゅうりして ください。
	การซ่อมแซม mereparasi	ช่วยซ่อมเครื่องปรับอากาศด้วย Tolong reparasi Acnya!
940 ☐	よぶ	電気やを よびます。 でん き
	เรียก memanggil	จะเรียกช่างไฟฟ้ามา Saya memanggil tukang listrik.

941 なおす

① おとうとの パソコンを <u>なお</u>します。
② おとうとの レポートを <u>なお</u>します。

| ซ่อมแซม แก้ไข
memperbaiki, merevisi | ① ซ่อมคอมพิวเตอร์ส่วนบุคคลของน้องชาย
② แก้รายงานของน้องชาย
① Saya memperbaiki komputer adik laki-laki saya.
② Saya merevisi laporan adik laki-laki saya. |

👉 ① ซ่อมแซม ② แก้ไขให้ถูกต้อง
　① mereparasi ② merevisi

942 せいひん

電気<u>せいひん</u>を あきはばらで 買いました。
てんき　　　　　　　　　　　　　か

| ผลิตภัณฑ์ สินค้า
produk barang | ซื้อเครื่องใช้ไฟฟ้าที่อากิฮาบาระ
Saya membeli produk barang elektronik di Akihabara. |

				単語 No. たんご
Section **1**	びょうき	เจ็บป่วย ไม่สบาย โรคภัย Sakit	943 ～ 964	
Section **2**	お元気ですか。 げんき	สบายดีไหม / Apa kabar?	965 ～ 985	
Section **3**	たいせつな もの・こと	สิ่งสำคัญ · เรื่องสำคัญ / Hal atau barang yang penting	986 ～ 1001	
Section **4**	しょうらい	อนาคต Masa Depan	1002 ～ 1017	
Section **5**	これも おぼえよう！	จดจำคำเหล่านี้กันเถอะ！/ Mari mengingat yang ini juga!	1018 ～ 1046	

びょうき

เจ็บป่วย ไม่สบาย โรคภัย / Sakit

943	びょうき	びょうきに なりました。
	เจ็บป่วย ไม่สบาย โรคภัย **sakit**	ไม่สบาย Saya jatuh sakit.
944	びょういん	びょういんへ 行きます。
	โรงพยาบาล **rumah sakit**	ไปโรงพยาบาล Saya pergi ke rumah sakit.
945	どう しましたか	いしゃ「どう しましたか。」
	มีอะไรผิดปกติหรือ เกิดอะไรขึ้นหรือ **Kenapa?**	แพทย์ : มีอาการอย่างไรครับ Dokter : Kenapa?
946	ねつ	A「きのうから ねつが あります。」
	ไข้ **demam**	A : มีไข้ตั้งแต่เมื่อวานครับ A : Saya demam sejak kemarin.
947	かぜ	いしゃ「かぜですね。」
	หวัด **masuk angin, flu**	แพทย์ : เป็นหวัดนะครับ Dokter : Masuk angin ya.
948	インフルエンザ	いしゃ「インフルエンザです。 　　　　おふろに 入らないで ください。」
	ไข้หวัดใหญ่ **influenza**	แพทย์ : เป็นไข้หวัดใหญ่ครับ อย่าอาบน้ำนะครับ Dokter : Influenza. Jangan mandi berendam ya!
949	くすり	一日に 3かい くすりを 飲んで ください。
	ยา **obat**	กรุณากินยาวันละ 3 ครั้ง Silakan minum obatnya 3 kali 1 hari!

☞ เมื่อพูดว่า "กินยา" จะใช้ のみます
Gunakan のみます untuk minum obat.

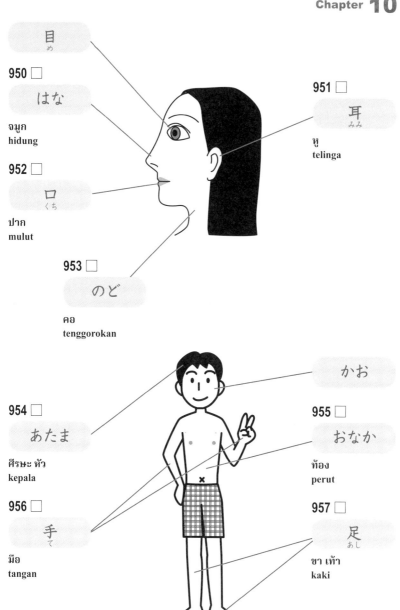

目
め

950 ☐

はな

จมูก
hidung

952 ☐

口
くち

ปาก
mulut

953 ☐

のど

คอ
tenggorokan

951 ☐

耳
みみ

หู
telinga

かお

954 ☐

あたま

ศีรษะ หัว
kepala

956 ☐

手
て

มือ
tangan

955 ☐

おなか

ท้อง
perut

957 ☐

足
あし

ขา เท้า
kaki

958

おだいじに

かんごし「おだいじに。」

ขอให้หายเร็ว ๆ
Semoga lekas sembuh!

พยาบาล : ขอให้หายเร็ว ๆ นะครับ
Perawat medis : Semoga lekas sembuh!

959

2、3日
に さんにち

2、3日 かいしゃを 休みます。
に さんにち やす

2-3 วัน
2, 3 hari

หยุดงาน 2-3 วัน
Saya tidak masuk kerja 2, 3 hari.

960

〜が いたい

はが いたいです。

ปวด 〜 เจ็บ 〜
〜 nya sakit

ปวดฟัน
Giginya sakit.

961

はいしゃ[さん]

きのう、はいしゃへ 行きました。
い

ทันตแพทย์ หมอฟัน
dokter gigi

เมื่อวานไปหาหมอฟันมา
Saya kemarin pergi ke dokter gigi.

962

一人で
ひとり

一人で びょういんへ 行きます。
ひとり い

คนเดียว โดยลำพัง
sendirian

ไปโรงพยาบาลคนเดียว
Saya akan pergi ke rumah sakit sendirian.

963

けんこう

けんこうに 気を つけて います。
き

สุขภาพ
kesehatan

ดูแลรักษาสุขภาพอยู่เสมอ
Saya menjaga kesehatan dengan hati-hati.

964

[けんこう]
ほけんしょう

びょういんに けんこうほけんしょうを
もっていきます。

บัตรประกัน (สุขภาพ)
**kartu asuransi
kesehatan**

นำบัตรประกันสุขภาพไปโรงพยาบาล
Saya pergi ke rumah sakit dengan membawa kartu
asuransi kesehatan.

お元気ですか。
げんき

สบายดีไหม / Apa kabar?

965	体 からだ	いもうとは <u>体</u> が よわいです。
	ร่างกาย สุขภาพ badan, tubuh	น้องสาวฉันร่างกายอ่อนแอ Tubuh adik perempuan saya lemah.
966	体に いい からだ	ジョギングは <u>体に いい</u>です。
	ดีต่อร่างกาย ดีต่อสุขภาพ baik untuk tubuh	การวิ่งจ็อกกิ้งดีต่อสุขภาพ Lari pagi baik untuk tubuh.
967	ちょうし	体の <u>ちょうし</u> が よくないです。 からだ
	สภาพ kondisi	สภาพร่างกายไม่ดี Kondisi badan saya tidak baik.
968	つかれる	A「<u>つかれ</u>ましたね。少し 休みましょう。」 すこ やす B「はい。」
	เหนื่อย lelah, capek	A：เหนื่อยแล้ว หยุดพักสักหน่อยเถอะ / B：ครับ A：Capek ya. Mari istirahat sebentar! / B：Baiklah.
969	ねむい	A「けさ、5時に おきました。<u>ねむい</u>です。」 ごじ
	ง่วงนอน mengantuk	A：เมื่อเช้าตื่นนอนตอนตี 5 ก็เลยง่วง A：Saya tadi bangun jam 5. Saya mengantuk.
970	はやく	B「<u>はやく</u> ねた ほうが いいですよ。」
	เร็ว เช้า แต่เช้า cepat	B：เข้านอนแต่หัวค่ำดีกว่านะคะ B：Sebaiknya tidur cepat!
971	たいへんな	A「まいにち、ざんぎょうします。」 B「<u>たいへん</u>ですね。」
	แย่ ลำบาก berat	A：ทำงานล่วงเวลาทุกวันเลยค่ะ / B：แย่เลยนะครับ A：Saya lembur setiap hari. / B：Berat ya.

972

さいきん

さいきん、しごとが いそがしいです。

| หมู่นี้ พักนี้ ระยะหลังนี้
akhir-akhir ini | หมู่นี้งานยุ่ง
Akhir-akhir ini, pekerjaaan saya sibuk. |

973

しんぱい〈する〉

母が しんぱいして います。
は は

| การเป็นห่วง การเป็นกังวล
khawatir | แม่เป็นห่วง
Ibu saya khawatir. |

974

たばこ

じどうはんばいきで たばこを 買います。
か

| บุหรี่
rokok | ซื้อบุหรี่ที่ตู้ขายของอัตโนมัติ
Saya membeli rokok di mesin penjual otomatis. |

975

すう

ここで たばこを すわないで ください。

| สูบ
menghisap | กรุณาอย่าสูบบุหรี่ตรงนี้
Jangan merokok di sini! |

976

きんえん

えきは きんえんです。

| ห้ามสูบบุหรี่
tempat dilarang merokok | สถานีรถไฟ (เป็นสถานที่) ห้ามสูบบุหรี่
Stasiun adalah tempat dilarang merokok. |

977

だいじょうぶな

A「一人で だいじょうぶですか。」
ひとり
B「はい。」

| ไม่เป็นไร ไม่มีปัญหา
tidak apa-apa | A：ทำคนเดียวได้ใช่ไหมคะ / B：ได้ครับ
A：Apakah tidak apa-apa jika sendirian? / B：Ya. |

978

むりな

むりな ダイエットは よくないです。

| เกินกำลัง เป็นไปไม่ได้
memaksakan diri, mustahil,
ngoyo, berlebihan | การควบคุมน้ำหนักที่มากเกินไปนั้นไม่ดี
Diet yang berlebihan tidak baik. |

979

ダイエット

ダイエットを して います。

| การควบคุมน้ำหนัก
การไดเอท
diet | กำลังควบคุมน้ำหนัก
Saya sedang diet. |

980

おもいだす

ときどき、かぞくを おもいだします。

| นึกถึง นึกออก นึกขึ้นได้
ingat | บางครั้งก็นึกถึงครอบครัว
Kadang-kadang saya teringat keluarga saya. |

981 さびしい

เหงา	友だちが くにへ 帰りました。<u>さびしい</u>です。 <ruby>友<rt>とも</rt></ruby> <ruby>帰<rt>かえ</rt></ruby>
sepi, sedih	เพื่อนกลับประเทศไปแล้ว เหงาจัง Teman saya telah pulang ke negaranya. Saya sedih.

982 ［お］ひさしぶりです［ね］

ไม่ได้พบกันเสียนาน
Lama tak bertemu ya.

983 あっ

อ๊ะ อุ้ย โอ๊ะ
Aahh

984 ［お］元気ですか
<ruby>元気<rt>げんき</rt></ruby>

สบายดีไหม
Apa kabar? / Apakah Anda sehat?

985 おかげさまで

(สบายดี)
ขอบคุณที่เป็นห่วง
Berkat doa Anda.

👉 お元気ですか ใช้ถามเมื่อไม่ได้พบอีกฝ่ายมาระยะเวลาหนึ่ง
お元気ですか digunakan ketika bertemu dengan orang yang lama tidak berjumpa.

すずき：ホアンさん、<u>ひさしぶり</u>ですね。
ホアン：<u>あっ</u>、すずき先生。
　　　　<u>おひさしぶりです</u>。
すずき：<u>お元気ですか</u>。
ホアン：はい。<u>おかげさまで</u>。
すずき：からだの ちょうしは どうですか。
ホアン：<u>おかげさまで</u> よく なりました。

ซูซูกิ: ไม่ได้พบกันเสียนานเลยนะคะ คุณฮวง
ฮวง : โอ๊ะ อาจารย์ซูซูกิ ไม่ได้พบกันนานเลยครับ
ซูซูกิ: สบายดีหรือเปล่าคะ
ฮวง : สบายดีครับ ขอบคุณที่เป็นห่วงครับ
ซูซูกิ: สภาพร่างกายเป็นอย่างไรบ้างคะ
ฮวง : ดีขึ้นแล้วครับ ขอบคุณที่เป็นห่วงครับ

Suzuki: Huang-san, lama tidak bertemu ya.
Huang: Aahh, Suzuki-sensei, lama tidak bertemu.
Suzuki: Apa kabar?
Huang: Ya. Berkat doa Anda.
Suzuki: Bagaimana kondisi badanmu?
Huang: Berkat doa Anda sudah membaik.

たいせつな もの・こと

สิ่งสำคัญ·เรื่องสำคัญ / Hal atau barang yang penting

986 ☐	パスポート	いつも パスポート を もって います。
	พาสปอร์ต หนังสือเดินทาง paspor	พกพาสปอร์ตอยู่เสมอ Saya selalu membawa paspor.
987 ☐	ビザ	たいしかんで ビザ を もらいます。
	วีซ่า visa	ขอวีซ่าที่สถานทูต Saya mendapat visa di kedutaan besar.
988 ☐	たいしかん	たいしかん は とうきょうに あります。
	สถานทูต kedutaan besar	สถานทูตอยู่ที่โตเกียว Kedutaan besar ada di Tokyo.
989 ☐	たいせつな	あんしょうばんごうは たいせつ です。
	สำคัญ penting, berharga	รหัสลับเป็นสิ่งสำคัญ Nomor PIN itu penting.
990 ☐	なくす	うちの かぎを なくし ました。
	ทำหาย menghilangkan, hilang, kehilangan	ทำกุญแจบ้านหาย Kunci rumah saya hilang.
991 ☐	かす	お金を かして ください。
	ให้ยืม meminjami	โปรดให้ฉันยืมเงินหน่อย Tolong pinjami saya uang!
992 ☐	かりる	・友だちに お金を かり ます。 ・としょかんで 本を かり ます。
	ขอยืม meminjam	ขอยืมเงินจากเพื่อน / ขอยืมหนังสือที่หอสมุด Saya meminjam uang kepada teman. / Saya meminjam buku di perpustakaan.

993 かえす

としょかんに 本を かえします。

คืน
mengembalikan

คืนหนังสือหอสมุด
Saya mengembalikan buku ke perpustakaan.

994 むだな

むだな 買い物は しません。

เปล่าประโยชน์ สูญเปล่า
สิ้นเปลือง
sia-sia, mubazir

ไม่ซื้อของสิ้นเปลือง
Saya tidak akan berbelanja dengan sia-sia.

995 いる

りゅうがくする とき、ビザが いります。

จำเป็น ต้องมี
perlu, butuh

เวลาจะไปเรียนที่ต่างประเทศต้องมีวีซ่า
Saat belajar di luar negeri, perlu visa.

996 えっ

A「この カメラは 500,000 円です。」

B「えっ?」

หา !? ห๊ะ !? เอ๊ะ !?
Ehh

A：กล้องถ่ายรูปตัวนี้ราคา 5 แสนเยน / B：ห๊ะ !?
A：Kamera ini 500.000 yen. / B：Ehh?

997 ほんとう

B「ほんとうですか。」

ความจริง เรื่องจริง
sungguh, benar

B：จริงหรือครับ
B：Yang benar saja?

998 うそ

うそじゃありません。ほんとうです。

เรื่องโกหก
bohong

ไม่ใช่เรื่องโกหก เป็นเรื่องจริง
Bukan bohong. Sungguh benar.

999 こと

インターネットで 日本の ことを しらべました。

เรื่อง
hal

ค้นหาเรื่องเกี่ยวกับญี่ปุ่นทางอินเทอร์เน็ต
Saya mencari informasi tentang Jepang di internet.

1000 おいのり

まいにち、おいのりを します。

การภาวนา การอธิษฐาน
การสวดมนต์
berdoa

สวดมนต์ทุกวัน
Saya berdoa setiap hari.

1001 さわる

この えに さわらないで ください。

แตะ แตะต้อง สัมผัส
menyentuh

กรุณาอย่าแตะต้องภาพนี้
Jangan menyentuh gambar ini!

しょうらい

อนาคต / Masa Depan

1002
☐

しょうらい

しょうらい、けんきゅうしゃに なりたいです。

อนาคต
masa depan

อนาคตฉันอยากเป็นนักวิจัย
Saya ingin menjadi peneliti di masa depan.

1003
☐

ゆめ

大きい ゆめが あります。
おお

ความฝัน
mimpi, cita-cita

มีความฝันอันยิ่งใหญ่
Saya punya mimpi besar.

1004
☐

りゅうがく〈する〉

アメリカへ りゅうがくします。

การไปเรียนที่
ต่างประเทศ
belajar di luar negeri

จะไปเรียนที่อเมริกา
Saya belajar ke Amerika.

1005
☐

けんきゅう〈する〉

10年ぐらい、けいざいを けんきゅうして います。
じゅう ねん

การวิจัย
การศึกษาค้นคว้า
meneliti

ทำวิจัยเกี่ยวกับเศรษฐศาสตร์มาประมาณ 10 ปี
Saya meneliti ekonomi kurang lebih 10 tahun.

1006
☐

けんきゅうしゃ

父は けいざいの けんきゅうしゃです。
ちち

นักวิจัย
peneliti

พ่อฉันเป็นนักวิจัยด้านเศรษฐศาสตร์
Ayah saya peneliti.

1007
☐

大学いん
だいがく

あには 大学いんの 学生です。
だいがく がくせい

บัณฑิตวิทยาลัย
pasca sarjana

พี่ชายฉันเป็นนักศึกษาระดับบัณฑิตวิทยาลัย
Kakak laki-laki saya mahasiswa pasca sarjana.

1008
☐

せんもん

山田さんの せんもんは けいざいです。
やまだ

ความเชี่ยวชาญ
เฉพาะด้าน วิชาเอก
bidang keahlian

ความเชี่ยวชาญเฉพาะด้านของคุณยามาดะคือ
เศรษฐศาสตร์
Bidang keahlian Yamada-san adalah ekonomi.

1009	けいざい	大学で けいざい を べんきょう して います。
	เศรษฐศาสตร์ เศรษฐกิจ ekonomi	だいがく กำลังเรียนเศรษฐศาสตร์ที่มหาวิทยาลัย Saya sedang belajar ekonomi di universitas.

1010	びじゅつ	せんもんは びじゅつ です。
	ศิลปะ seni	วิชาเอกของฉันคือศิลปะ Bidang keahlian saya adalah seni.

1011	ちきゅう	ちきゅう の ことを けんきゅう して います。
	โลก bumi	กำลังวิจัยเรื่องโลก Saya sedang meneliti tentang bumi.

1012	～に ついて	日本の けいざい に ついて しらべて います。
	เกี่ยวกับ ～ tentang ～	にほん กำลังค้นหาข้อมูลเกี่ยวกับเศรษฐกิจญี่ปุ่น Saya mencari tahu tentang ekonomi Jepang.

1013	やめる	らいねん、かいしゃを やめ ます。
	เลิก ลาออก berhenti, keluar kerja	ปีหน้าจะลาออกจากบริษัท Tahun depan saya akan berhenti kerja.

1014	かんがえる	しょうらいの ことを かんがえて います。
	คิด พิจารณา berpikir	กำลังคิดถึงอนาคต Saya sedang memikirkan masa depan.

1015	もう	A「もう しょうらいの ことを かんがえましたか。」
	แล้ว sudah	A：คุณคิดเรื่องอนาคตแล้วหรือยัง A：Apakah Anda sudah memikirkan tentang masa depan?

1016	まだ	B「いいえ、まだ です。」
	ยัง belum	B：ยังเลย B：Tidak, belum.

1017	これから	B「これから かんがえます。」
	หลังจากนี้ ต่อจากนี้ mulai sekarang	B：กำลังจะคิดหลังจากนี้แหละ B：Saya akan memikirkannya mulai sekarang.

これも おぼえよう！

1018 そして

この ロボットは ことばが わかります。

そして、ダンスも できます。

และ แล้วก็
dan, kemudian, lalu

หุ่นยนต์ตัวนี้เข้าใจภาษามนุษย์ แล้วก็เต้นรำได้ด้วย
Robot ini mengerti bahasa (manusia). Dan juga bisa berdansa.

1019 まえ

パーティーの まえに 買い物を します。

ก่อน
depan, sebelum

จะไปซื้อของก่อนงานเลี้ยง
Saya berbelanja sebelum pestanya mulai.

1020 あと

買い物の あと、りょうりを します。

หลังจาก
sesudah

จะทำอาหารหลังจากไปซื้อของ
Saya memasak setelah berbelanja.

1021 もうすぐ

A「もうすぐ パーティーが はじまりますよ。」

ในไม่ช้า อีกเดี๋ยวก็จะ
จวนจะ
hampir, sebentar lagi

A：งานเลี้ยงจวนจะเริ่มแล้วนะคะ
A：Pestanya sebentar lagi dimulai.

1022 すぐ

B「わかりました。すぐ 行きます。」

ทันที เดี๋ยวนี้
segera

B：ครับ จะไปเดี๋ยวนี้ครับ
B：Baiklah, saya mengerti. Saya akan segera pergi.

1023 あとで

C「いま、レポートを 書いて います。あとで 行きます。」

ภายหลัง ทีหลัง
setelah

C：ตอนนี้กำลังทำรายงานอยู่ จะตามไปทีหลังครับ
C：Sekarang saya sedang menulis laporan. Saya akan pergi setelah ini.

1024 また

また あとで 電話を かけます。

อีกครั้ง
lagi

จะโทรไปอีกครั้งภายหลังครับ
Nanti saya akan menelepon lagi.

1025

までに

レポートは あした<u>までに</u> 書きます。

ภายใน...
sampai, hingga

จะเขียนรายงานภายในพรุ่งนี้
Saya akan menulis laporan sampai besok.

1026

ですから

<u>ですから</u>、きょうは どこにも 行きません。

ดังนั้น เพราะฉะนั้น
oleh karena itu

เพราะฉะนั้น วันนี้จะไม่ไปไหน
Oleh karena itu, saya tidak pergi ke mana pun.

1027

そんなに

A「まいにち いそがしいですか。」

B「<u>そんなに</u> いそがしくないです。」

ถึงขนาดนั้น ถึงเพียงนั้น
se ～ itu

A : งานยุ่งทุกวันหรือเปล่าครับ / B : ไม่ยุ่งขนาดนั้นค่ะ
A : Apakah setiap hari sesibuk itu?
B : Tidak sesibuk itu.

1028

だんだん

<u>だんだん</u> むずかしく なります。

ทีละน้อย ค่อย ๆ
semakin

ค่อย ๆ ยากขึ้นทีละนิด
Semakin lama semakin sulit.

1029

みなさん

ทุกคน
**anda sekalian,
semuanya**

1030

ロボット

หุ่นยนต์
robot

1031

へえ

โอ้โฮ ว้าว
Eee

1032

すごい

เยี่ยมยอด สุดยอด น่าทึ่ง
luar biasa

A「<u>みなさん</u>、きょうは <u>ロボット</u>に ついて 話します。この <u>ロボット</u>は いろいろな ことが できます。」

B「<u>へえ</u>、それは <u>すごい</u>ですね。」

A : ทุกคนคะ วันนี้จะพูดเกี่ยวกับหุ่นยนต์
หุ่นยนต์ตัวนี้ทำได้หลายอย่าง
B : ว้าว สุดยอดไปเลยครับ

A : Semuanya, hari ini saya akan berbicara tentang robot. Robot ini bisa melakukan banyak hal.
B : Eee, itu luar biasa.

1033

☐

とくに

とくに かんじが むずかしいです。

| **โดยเฉพาะอย่างยิ่ง** **khususnya** | โดยเฉพาะอักษรคันจินั้นยาก
Khususnya yang sulit adalah huruf kanji. |

1034

☐

なかなか

むずかしいです。なかなか こたえが わかりません。

| **ค่อนข้างจะ ไม่...เสียที** **tidak juga** | ยากจัง คิดคำตอบไม่ออกเสียที
Sulit. Saya tidak juga mengeri jawabannya. |

👉 มักใช้กับคำกริยารูปปฏิเสธเป็น なかなか〜ません
Digunakan dalam bentuk なかなか〜ません .

1035

☐

〜が

・かんがえましたが、わかりませんでした。

・けんきゅうは むずかしいですが、
　おもしろいです。

| **แต่ ～** **tetapi** | คิดแล้วแต่ไม่เข้าใจครับ / การทำวิจัยนั้นยากแต่สนุกค่ะ
Saya memikirkannya tetapi tidak mengerti. /
Penelitian itu sulit tetapi menarik. |

1036

☐

〜けど

・かんがえたけど、わからなかった。

・けんきゅうは むずかしいけど、おもしろい。

| **แต่ ～** **tapi** | คิดแล้วแต่ไม่เข้าใจ / การทำวิจัยนั้นยากแต่สนุก
Saya memikirkannya tapi tidak mengerti. /
Penelitian itu sulit tetapi menarik. |

1037

☐

そうですね

A「しごとは どうですか。」

B「そうですね。いそがしいですが、
　おもしろいです。」

| **อืม เอ่อ** **Yaa…** | A：งานเป็นอย่างไรบ้างครับ / B：อืม ยุ่งแต่สนุกค่ะ
A：Pekerjaan Anda bagaimana?
B：Yaa… Meskipun sibuk tapi menarik. |

1038

☐

しつれいですが

A「しつれいですが、おなまえは?」

B「山田です。」

| **ขอโทษ ขอเสียมารยาท** **maaf tidak sopan,** **permisi** | A：ขอโทษครับ คุณชื่ออะไรครับ / B：ยามาดะค่ะ
A：Mohon maaf mungkin tidak sopan, siapakah nama
　　Anda?
B：Saya Yamada. |

1039 きく

ホアンさんに じゅうしょを ききます。

ถาม
menanyakan

ถามที่อยู่จากคุณฮวง
Saya menanyakan alamat kepada Huang-san.

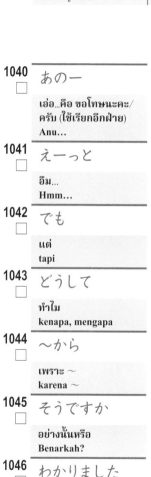

1040 あのー

เอ่อ...คือ ขอโทษนะคะ/
ครับ (ใช้เรียกอีกฝ่าย)
Anu...

1041 えーっと

อืม...
Hmm...

1042 でも

แต่
tapi

1043 どうして

ทำไม
kenapa, mengapa

1044 ～から

เพราะ ～
karena ～

1045 そうですか

อย่างนั้นหรือ
Benarkah?

1046 わかりました

เข้าใจแล้ว ตกลง
Saya mengerti.

A「あのー、ゆうびんきょくは
　どこですか。」
B「えーっと、あそこですよ。
　でも、きょうは 休みですよ。」
A「どうしてですか。」
B「土よう日ですから。」
A「そうですか。わかりました。
　ありがとうございます。」

A : ขอโทษนะคะ ที่ทำการไปรษณีย์อยู่ตรงไหนคะ
B : อืม อยู่ตรงโน้นค่ะ แต่วันนี้หยุดนะคะ
A : ทำไมล่ะคะ
B : เพราะวันนี้เป็นวันเสาร์ค่ะ
A : อย่างนั้นหรือคะ เข้าใจแล้วค่ะ ขอบคุณค่ะ

A : Anu…, kantor pos di mana ya?
B : Hmm…, di sana itu lho. Tapi, hari ini libur lho.
A : Kenapa?
B : Karena hari Sabtu.
A : Benarkah? Baiklah, saya mengerti. Terima kasih.

読み よ	単語 たんご	単語 No.

あ		
あいすくりーむ	アイスクリーム	476
あいだ	間	799
あう	あう	814
あおい	あおい	313
あかい	あかい	312
あかるい	明るい	928
あき	あき	617
あきはばら	あきはばら	373
あける	あける	840
あげる	あげる	714
あさ	あさ	394
あさくさ	あさくさ	371
あさごはん	あさごはん	421
あさって	あさって	918
あし	足	957
あした	あした	143
あそこ	あそこ	807
あそぶ	あそぶ	344
あたたかい	あたたかい	598
あたま	あたま	954
あたまが いい	あたまが いい	294
あたらしい	新しい	891
あっ	あっ	983
あつい	あつい	595
あつめる	あつめる	705
あと	あと	1020
あとで	あとで	1023
あなた	あなた	5
あに	あに	34
あにめ	アニメ	562
あね	あね	33
あの	あの	241
あの かた	あの かた	723
あのー	あのー	1040
あぱーと	アパート	864
あびる	あびる	416
あぶない	あぶない	913
あまい	あまい	505
あまり	あまり	524
あめ	雨	592
あめりか	アメリカ	90
あらう	あらう	412
ありがとう。	ありがとう。	21
ありがとう ございました	ありがとう ございました	909
ありがとう ございます。	ありがとう ございます。	23
ある	ある	69
あるく	あるく	776
あるばいと	アルバイト	151
あれ	あれ	237
[あんしょう] ばんごう	[あんしょう] ばんごう	688
あんない〈する〉	あんない〈する〉	345

い		
いい	いい	589
いい[お]てんき ですね	いい[お]てんき ですね	591
いいえ	いいえ	11
いう	言う	159
いえ	いえ	836
いかがですか	いかがですか	513
いぎりす	イギリス	95
いく	行く	115
いくつ	いくつ	657
[お]いくつ	[お]いくつ	730
いくつめ	いくつ目	792
いくら	いくら	639
いけばな	いけばな	532
いしゃ	いしゃ	225
いす	いす	850
いそがしい	いそがしい	204
いそぐ	いそぐ	764
いただきます。	いただきます。	517

いたりあ	イタリア	99
いち	いち	119
いちど	いちど	626
いちども	いちども	628
いちばん	いちばん	613
いつ	いつ	608
いっしょに	いっしょに	545
いってきます。	いってきます。	832
いってらっしゃい。	いってらっしゃい。	833
いっぱいな	いっぱいな	512
いつも	いつも	770
いなか	いなか	877
いぬ	いぬ	38
いま	いま	278
いみ	いみ	181
いもうと	いもうと	36
いもうとさん	いもうとさん	50
いらっしゃい。	いらっしゃい。	893
いらっしゃいます	いらっしゃいます	905
いらっしゃいませ。	いらっしゃいませ。	499
いる	いる	40
いる	いる	995
いれる	入れる	447
いろいろ[と]	いろいろ[と]	910
いろいろな	いろいろな	317
いんたーねっと	インターネット	262
いんど	インド	76
いんどねしあ	インドネシア	77
いんふるえんざ	インフルエンザ	948

う		
うえ	上	801
うえの	うえの	370
うけつけ	うけつけ	209
うごく	うごく	935
うしろ	うしろ	804
うそ	うそ	998
うた	うた	547
うたう	うたう	548
うち	うち	41
うどん	うどん	467
うま	うま	353
うまれる	生まれる	726
うみ	うみ	570

うりば	うりば	665
うる	うる	664
うわぎ	うわぎ	322
うんてん〈する〉	うんてん〈する〉	750
うんてんしゅ	うんてんしゅ	230
うんてんしゅさん	うんてんしゅさん	230

え		
え	え	540
えあこん	エアコン	930
えあめーる	エアメール	708
えいが	えいが	557
えいがかん	えいがかん	558
ええ	ええ	10
えーっと	えーっと	1041
えーてぃーえむ	ATM	683
えき	えき	734
えきいん	えきいん	229
えきいんさん	えきいんさん	229
えじぷと	エジプト	101
えすかれーたー	エスカレーター	868
えっ	えっ	996
えれべーたー	エレベーター	869
えん	円	640
えんぴつ	えんぴつ	253

お		
おいしい	おいしい	507
おいしゃさん	おいしゃさん	225
おいのり	おいのり	1000
おおい	多い	599
おおきい	大きい	301
おおさか	おおさか	388
おーすとらりあ	オーストラリア	88
おかえりなさい。	おかえりなさい。	835
おかげさまで	おかげさまで	985
おきなわ	おきなわ	393
おきる	おきる	401
おく	おく	646
おく	おく	857
おくさん	おくさん	901
おくる	おくる	703
おくる	おくる	751
おさがしですか。	おさがしですか。	676
おじいさん	おじいさん	42

おしえる	おしえる	218
おす	おす	689
おせわに なりました	おせわに なりました	911
おそい	おそい	409
おだいじに	おだいじに	958
おちゃ	お茶	454
おっと	おっと	898
おつり	おつり	652
おてあらい	おてあらい	846
おでかけですか	お出かけですか	823
おと	音	936
おとうと	おとうと	35
おとうとさん	おとうとさん	49
おとこの ひと	おとこの ひと	64
おとこのこ	おとこの こ	66
おととい	おととい	917
おとな	おとな	62
おなか	おなか	955
おなかが すく	おなかが すく	510
おにいさん	おにいさん	48
おにぎり	おにぎり	463
おねえさん	おねえさん	47
おねがいします	おねがいします	161
おばあさん	おばあさん	43
おはよう。	おはよう。	14
おはようございます。	おはようございます。	15
おひきだしですか。	おひきだしですか。	681
おぼえる	おぼえる	190
おまわりさん	おまわりさん	228
おみやげ	おみやげ	363
おめでとう ［ございます］	おめでとう ［ございます］	727
おもい	おもい	712
おもいだす	おもいだす	980
おもう	おもう	601
おもしろい	おもしろい	565
おやすみなさい。	おやすみなさい。	20
およぐ	およぐ	569
おりる	おりる	737
おろす	おろす	684
おわり	おわり	916
おわる	おわる	560
おんがく	おんがく	543
おんなの ひと	おんなの ひと	65
おんなのこ	おんなのこ	67
お父さん	お父さん	45
お母さん	お母さん	46
か		
～が	～が	1035
～が いい	～が いい	446
～が いたい	～が いたい	960
～かい	～かい	149
～かい／がい	～かい／がい	871
かいぎ	かいぎ	210
かいぎしつ	かいぎしつ	211
がいこく	がいこく	707
かいごし	かいごし	227
かいごしさん	かいごしさん	227
かいしゃ	かいしゃ	197
かいしゃいん	かいしゃいん	223
かいだん	かいだん	867
かいもの〈する〉	買い物〈する〉	635
かう	買う	178
かえす	かえす	993
かえる	帰る	117
かえる	かえる	695
かえる	かえる	822
かお	かお	411
かがみ	かがみ	410
かかる	かかる	766
かぎ	かぎ	842
かく	書く	174
かく	かく	541
かくえき	かくえき	741
がくせい	学生	104
かくにん〈する〉	かくにん〈する〉	692
～かげつ	～か月	147
(でんわを)かける	(電話を)かける	213
(めがねを)かける	(めがねを)かける	334
かさ	かさ	604
［お］かし	［お］かし	439
かしこまりました。	かしこまりました。	678
かす	かす	991
かぜ	かぜ	947
かぞく	かぞく	29
～かた	～かた	680

かたかな	かたかな	169
かたろぐ	カタログ	670
かちょう	かちょう	233
かつ	かつ	577
～がつ	～月	131
かっこいい	かっこいい	293
がっこう	学校	106
かっぷ	カップ	458
かど	かど	782
かなざわ	かなざわ	384
かなだ	カナダ	91
[お]かね	[お]金	650
かのじょ	かのじょ	7
かばん	かばん	342
かぶる	かぶる	332
かまくら	かまくら	378
かみ	かみ	249
かみ	かみ	303
かめら	カメラ	539
かようび	火よう日	136
～から	～から	282
～から	～から	1044
～から きました	～から きました	71
からい	からい	506
からおけ	カラオケ	544
からだ	体	965
からだに いい	体に いい	966
かりる	かりる	992
かるい	かるい	713
かれ	かれ	6
かれーらいす	カレーライス	472
かわ	川	572
かわいい	かわいい	292
かんがえる	かんがえる	1014
かんこく	かんこく	78
かんごし	かんごし	226
かんごしさん	かんごしさん	226
かんじ	かんじ	170
かんたんな	かんたんな	534
かんぱい	かんぱい	516
がんばる	がんばる	182

| **き** | | |
| き | 木 | 884 |

きいろい	きいろい	316
きく	聞く	175
きく	きく	1039
きせつ	きせつ	612
きた	北	791
ぎたー	ギター	555
きっさてん	きっさてん	491
きって	きって	704
きっと	きっと	603
きっぷ	きっぷ	738
きのう	きのう	144
きもの	きもの	324
きゃっしゅかーど	キャッシュカード	686
きゅう	きゅう	127
きゅうこう	きゅうこう	742
ぎゅうどん	ぎゅうどん	473
ぎゅうにく	牛肉	427
ぎゅうにゅう	ぎゅうにゅう	450
きゅうにん	きゅうにん	59
きょう	きょう	142
きょうしつ	きょうしつ	113
きょうだい	きょうだい	37
きょうと	きょうと	386
きょねん	きょねん	609
きらいな	きらいな	523
きる	きる	264
きる	きる	310
きれいな	きれいな	290
きを つけて	気を つけて	912
きんえん	きんえん	976
きんがく	きんがく	691
ぎんこう	ぎんこう	198
ぎんこういん	ぎんこういん	224
ぎんざ	ぎんざ	375
きんようび	金よう日	139

く		
く	く	127
くうこう	くうこう	761
くすり	くすり	949
くだもの	くだもの	433
くち	口	952
くつ	くつ	330
くつした	くつした	331

くに	くに	68
くにん	くにん	59
くらい	暗い	929
～ぐらい	～ぐらい	279
くらしっく	クラシック	550
くらす	クラス	114
くりすます	クリスマス	724
くる	来る	116
くるま	車	749
くれる	くれる	716
くろい	くろい	315

け		
けいざい	けいざい	1009
けいさつかん	けいさつかん	228
けーき	ケーキ	475
けーたい	ケータイ	245
げーむ	ゲーム	563
けさ	けさ	399
けしごむ	けしごむ	254
けす	けす	927
けっこうです	けっこうです	515
けっこん〈する〉	けっこん〈する〉	907
げつようび	月よう日	135
～けど	～けど	1036
けにあ	ケニア	102
けん	けん	367
けんがく〈する〉	けんがく〈する〉	196
[お]げんきですか	[お]元気ですか	984
げんきな	元気な	289
けんきゅう〈する〉	けんきゅう〈する〉	1005
けんきゅうしゃ	けんきゅうしゃ	1006
げんきん	げんきん	682
けんこう	けんこう	963
[けんこう]	[けんこう]	964
ほけんしょう	ほけんしょう	

こ		
～こ	～こ	267
ご	ご	123
～ご	～ご	156
こうえん	こうえん	629
こうくうびん	こうくうびん	709
こうこう	高校	111
こうさてん	こうさてん	783

こうじょう	こうじょう	208
こうちゃ	こうちゃ	453
こうつう	こうつう	882
こうべ	こうべ	389
こーと	コート	320
こーなー	コーナー	666
こーひー	コーヒー	452
ここ	ここ	808
ごご	ごご	277
ごしゅじん	ごしゅじん	900
こしょう〈する〉	こしょう〈する〉	938
ごぜん	ごぜん	276
こたえ	こたえ	194
ごちそうさまでした。	ごちそうさまでした。	518
ごちゅうもんは？	ごちゅうもんは？	500
こちらこそ。	こちらこそ。	28
こちらは～さんです	こちらは～さんです	903
こっぷ	コップ	459
こと	こと	999
ことし	ことし	610
ことば	ことば	153
こども	こども	63
ごにん	ごにん	55
この	この	239
ごはん	ごはん	461
こぴー〈する〉	コピー〈する〉	668
こまかい[お]かね	こまかい[お]金	653
ごみ	ごみ	855
ごりょうしん	ごりょうしん	44
ごるふ	ゴルフ	587
これ	これ	235
これから	これから	1017
これから おせわに なります	これから おせわに なります	904
これで おねがい します。	これで おねがい します。	501
～ごろ	～ごろ	275
こんげつ	こんげつ	923
こんさーと	コンサート	549
こんしゅう	こんしゅう	920
こんにちは。	こんにちは。	16
こんばん	こんばん	400
こんばんは。	こんばんは。	17

| こんびに | コンビニ | 663 |
| こんぴゅーたー | コンピューター | 260 |

さ

さあ……	さあ……	579
さーびす	サービス	364
～さい	～さい	731
さいきん	さいきん	972
さいず	サイズ	307
さいふ	さいふ	343
さかな	魚	430
さくら	さくら	622
[お]さけ	[お]さけ	455
さしみ	さしみ	471
さっかー	サッカー	582
ざっし	ざっし	671
さっぽろ	さっぽろ	380
さとう	さとう	478
さどう	さどう	533
さびしい	さびしい	981
さむい	さむい	597
さようなら。	さようなら。	18
さら	さら	497
さわる	さわる	1001
～さん	～さん	3
さん	121	
ざんぎょう〈する〉	ざんぎょう〈する〉	205
さんぐらす	サングラス	336
さんどいっち	サンドイッチ	462
さんにん	さんにん	53
ざんねんですが	ざんねんですが	829
さんぽ〈する〉	さんぽ〈する〉	630

し

し	し	122
じ	字	154
～じ	～時	272
しあい	しあい	576
しーでぃー	CD	176
じーんず	ジーンズ	327
しお	しお	479
～じかん	～時間	280
じかん	時間	763
じこくひょう	じこくひょう	762
しごと	しごと	222

じしょ	じしょ	179
しずかな	しずかな	878
した	下	802
したぎ	したぎ	323
しち	しち	125
しちにん	しちにん	57
しつもん〈する〉	しつもん〈する〉	195
しつれいします。	しつれいします。	895
しつれいですが	しつれいですが	1038
じてんしゃ	じてんしゃ	754
じどうしゃ	じどうしゃ	748
じどうはんばいき	じどうはんばいき	449
しぶや	しぶや	374
じぶんで	じぶんで	509
じむしょ	じむしょ	207
しめる	しめる	841
じゃ	じゃ	649
じゃ、また。	じゃ、また。	19
しゃーぷぺんしる	シャープペンシル	252
しゃいん	しゃいん	234
しやくしょ	しやくしょ	888
しゃしん	しゃしん	537
じゃず	ジャズ	551
しゃちょう	しゃちょう	231
しゃつ	シャツ	318
しゃわー	シャワー	415
じゅう	じゅう	128
じゅういち	じゅういち	129
～しゅうかん	～しゅうかん	146
じゅうしょ	じゅうしょ	859
じゅーす	ジュース	451
じゅうどう	じゅうどう	585
じゅうに	じゅうに	130
じゅうにん	じゅうにん	60
しゅうまつ	しゅうまつ	914
しゅうり〈する〉	しゅうり〈する〉	939
しゅくだい	しゅくだい	183
しゅっちょう〈する〉	しゅっちょう〈する〉	206
しゅみ	しゅみ	519
じゅんび〈する〉	じゅんび〈する〉	358
しょうかい〈する〉	しょうかい〈する〉	902
しょうがっこう	小学校	109

しょうしょう	しょうしょう	679
おまちください。	おまちください。	
じょうずな	じょうずな	528
しょうゆ	しょうゆ	480
しょうらい	しょうらい	1002
じょぎんぐ	ジョギング	566
しょくじ〈する〉	しょくじ〈する〉	485
しょくどう	しょくどう	489
しらべる	しらべる	177
しりょう	しりょう	263
しる	しる	216
しろい	しろい	314
～じん	～じん	72
しんかんせん	しんかんせん	744
しんごう	しんごう	784
じんじゃ	じんじゃ	356
しんじゅく	しんじゅく	372
しんせつな	しんせつな	287
しんぱい〈する〉	しんぱい〈する〉	973
しんぶん	しんぶん	672

す

すいす	スイス	98
すいっち	スイッチ	932
すいようび	水よう日	137
すう	すう	975
すーつ	スーツ	321
すーぱー	スーパー	425
すかーと	スカート	329
すきー	スキー	567
すきな	好きな	522
すきやき	すきやき	470
すぐ	すぐ	1022
すくない	少ない	600
すごい	すごい	1032
すこし	少し	163
[お]すし	[お]すし	474
すずしい	すずしい	596
ずっと	ずっと	769
すてきな	すてきな	308
すてる	すてる	856
すぴーち	スピーチ	189
すぷーん	スプーン	494
すぺいん	スペイン	100

ずぼん	ズボン	326
すまほ	スマホ	246
すみません	すみません	826
すむ	すむ	858
すもう	すもう	584
する	する	152
(ゆびわを)する	(ゆびわを)する	337
すわる	すわる	851

せ

せ	せ	297
せいかつ	せいかつ	655
せいひん	せいひん	942
せーたー	セーター	319
せかい	せかい	74
せつめい〈する〉	せつめい〈する〉	781
ぜひ	ぜひ	633
せまい	せまい	890
ぜろ	ゼロ	118
せろてーぷ	セロテープ	257
せん	千	644
せんげつ	せんげつ	922
せんしゅう	せんしゅう	919
せんせい	先生	103
ぜんぜん	ぜんぜん	167
せんだい	せんだい	381
せんたく〈する〉	せんたく〈する〉	853
せんたくき	せんたくき	861
ぜんぶ	ぜんぶ	508
ぜんぶで	ぜんぶで	658
せんもん	せんもん	1008

そ

ぞう	ぞう	352
そうじ〈する〉	そうじ〈する〉	854
そうじき	そうじき	862
そうです	そうです	12
そうですか	そうですか	1045
そうですね	そうですね	1037
そこ	そこ	809
そして	そして	1018
そと	外	806
その	その	240
そば	そば	468
そふと	ソフト	564

それ	それ	236
それから	それから	690
そろそろ しつれい します。	そろそろ しつれい します。	896
そんなに	そんなに	1027

た

たい	タイ	79
〜だい	〜だい	269
だいえっと	ダイエット	979
だいがく	大学	112
だいがくいん	大学いん	1007
たいしかん	たいしかん	988
だいじょうぶな	だいじょうぶな	977
たいせつな	たいせつな	989
だいたい	だいたい	166
たいてい	たいてい	771
だいにんぐきっちん	ダイニングキッチン	844
たいへんな	たいへんな	971
たいわん	たいわん	80
たかい	高い	298
たかい	高い	641
たくさん	たくさん	424
たくしー	タクシー	757
だけ	だけ	774
だす	出す	701
ただいま。	ただいま。	834
たつ	立つ	852
たてもの	たてもの	863
たな	たな	667
たのしい	たのしい	521
たばこ	たばこ	974
たぶん	たぶん	602
たべもの	食べ物	420
たべる	食べる	419
たまご	たまご	431
だめです	だめです	821
たりる	たりる	654
だれ	だれ	721
[お]たんじょうび	[お]たんじょうび	725
だんす	ダンス	568
だんだん	だんだん	1028

ち

ちいさい	小さい	302
ちか	ちか	872
ちかい	ちかい	767
ちがいます	ちがいます	13
ちかく	ちかく	800
ちかてつ	ちかてつ	745
ちきゅう	ちきゅう	1011
ちけっと	チケット	669
ちず	ちず	73
ちち	父	31
ちゃわん	ちゃわん	498
〜ちゃん	〜ちゃん	4
ちゃんす	チャンス	831
ちゅうがっこう	中学校	110
ちゅうごく	ちゅうごく	81
ちゅうしゃじょう	ちゅうしゃじょう	752
ちょうし	ちょうし	967
ちょこれーと	チョコレート	440
ちょっと	ちょっと	647
ちょっと〜まで	ちょっと〜まで	824

つ

〜つ	〜つ	659
つかう	つかう	265
つかれる	つかれる	968
つき	月	620
つぎに	つぎに	687
つぎの	つぎの	739
つく	つく	813
つくえ	つくえ	849
つくる	つくる	220
つける	つける	926
つごうが いい	つごうが いい	819
つごうが わるい	つごうが わるい	820
つま	つま	899
つめたい	つめたい	445
つよい	つよい	580
つり	つり	573
つれていく	つれていく	347
つれてくる	つれてくる	348

て

て	手	956
〜で	〜で	492
ていしょく	ていしょく	490
でーと 〈する〉	デート 〈する〉	816

てーぶる	テーブル	848
でかける	出かける	811
てがみ	てがみ	698
できる	できる	674
〜でございます	〜でございます	675
でざいん	デザイン	309
〜です	〜です	2
ですから	ですから	1026
てちょう	てちょう	250
てつだう	てつだう	219
てにす	テニス	586
では	では	648
でぱーと	デパート	662
でも	でも	1042
〜でも〜ませんか	〜でも〜ませんか	827
[お]てら	[お]てら	355
でる	出る	694
でる	出る	812
てれび	テレビ	406
てんき	てんき	588
でんき	電気	925
てんきん〈する〉	てんきん〈する〉	874
でんしじしょ	でんしじしょ	180
でんしゃ	電車	735
でんち	でんち	247
てんぷら	てんぷら	469
でんわ	電話	212
でんわばんごう	電話ばんごう	215

と		
〜と	〜と	637
どあ	ドア	839
どいつ	ドイツ	97
といれ	トイレ	846
どう	どう	504
どう しましたか	どう しましたか	945
どういたしまして。	どういたしまして。	22
とうきょう	とうきょう	368
どうして	どうして	1043
どうぞ おあがり ください。	どうぞ おあがり ください。	894
どうぞ よろしく。	どうぞ よろしく。	27
どうぞ。	どうぞ。	24
どうぶつ	どうぶつ	349

どうぶつえん	どうぶつえん	350
どうも。	どうも。	25
どうやって	どうやって	775
とおい	とおい	768
ときどき	ときどき	773
どくしん	どくしん	906
とくに	とくに	1033
とけい	とけい	340
どこ	どこ	810
ところ	ところ	876
としょかん	としょかん	186
としを とる	年を とる	887
どちら	どちら	70
どちら	どちら	525
どちらも	どちらも	526
とっきゅう	とっきゅう	743
どっち	どっち	527
とても	とても	631
どなた	どなた	722
となり	となり	798
どの	どの	242
どのくらい／ぐらい	どのくらい／ぐらい	765
とまる	とまる	361
とめる	とめる	753
ともだち	友だち	284
どようび	土よう日	140
とりにく	とり肉	429
とる	とる	477
とる	とる	538
とるこ	トルコ	87
どれ	どれ	238
どんな	どんな	285

な		
ないふ	ナイフ	496
なおす	なおす	941
なか	中	805
ながい	長い	304
ながさき	ながさき	392
なかなか	なかなか	1034
なくす	なくす	990
なごや	なごや	385
なつ	なつ	616
なな	なな	125

ななにん	ななにん	57
なに	何	483
なにか	何か	484
[お]なまえ	[お]なまえ	8
なら	なら	387
ならう	ならう	531
なりた	なりた	369
なる	なる	614
なん	何	243
なんかい	何かい	150
なんかい／がい	何かい／がい	870
なんかいも	何かいも	627
なんがつ	何月	132
なんこ	何こ	266
なんさい	何さい	729
なんじ	何時	270
なんじかん	何時間	281
なんだい	何だい	268
なんにち	何日	732
なんにん	なんにん	61
なんばん	何ばん	217
なんばんせん	何ばんせん	747
なんぷらー	ナンプラー	482
なんぷん	何分	271
なんめーとる	何メートル	796
なんようび	何よう日	141

に		
に	に	120
～に ついて	～に ついて	1012
に、さんにち	2、3日	959
にぎやかな	にぎやかな	879
にく	肉	426
にし	西	789
～にち	～日	733
にちようび	日よう日	134
にっき	にっき	184
にっこう	にっこう	382
にほん	にほん	75
にほんご	にほんご	155
にほんごがっこう	にほんご学校	108
にもつ	にもつ	711
にゅーじーらんど	ニュージーランド	89
にゅーす	ニュース	404

にょくまむ	ニョクマム	481
にわ	にわ	883

ぬ		
ぬぐ	ぬぐ	311

ね		
ねくたい	ネクタイ	338
ねこ	ねこ	39
ねつ	ねつ	946
ねぱーる	ネパール	82
ねむい	ねむい	969
ねる	ねる	402
～ねん	～年	148
ねんがじょう	ねんがじょう	700

の		
のーと	ノート	248
のど	のど	953
のどが かわく	のどが かわく	511
のぼる	のぼる	574
のみもの	飲み物	442
のむ	飲む	441
のりかえる	のりかえる	740
のりば	のりば	760
のる	のる	736

は		
は	は	417
～は ちょっと……	～は ちょっと……	828
ぱーてぃー	パーティー	719
はい	はい	9
ばいく	バイク	755
はいしゃ[さん]	はいしゃ[さん]	961
はいる	入る	414
はいる	入る	487
はがき	はがき	699
はく	はく	325
はこ	はこ	259
はさみ	はさみ	258
はし	はし	493
はし	はし	787
はじまる	はじまる	559
はじめ	はじめ	915
はじめて	はじめて	625
はじめまして。	はじめまして。	26
はじめる	はじめる	720

ばす	バス	756
ぱすた	パスタ	466
ぱすぽーと	パスポート	986
ぱそこん	パソコン	261
はたらく	はたらく	199
はち	はち	126
はちにん	はちにん	58
はな	花	619
はな	はな	950
はなす	話す	157
ばなな	バナナ	434
はなび	花火	623
[お]はなみ	[お]花見	621
はねだ	はねだ	376
はは	母	32
はやい	はやい	407
はやい	はやい	408
はやく	はやく	970
はらう	はらう	651
はる	はる	615
はん	半	274
ぱん	パン	438
ばんぐみ	ばんぐみ	607
[あんしょう]ばんごう	[あんしょう]ばんごう	688
ばんごはん	ばんごはん	423
はんさむな	ハンサムな	291
〜ばんせん	〜ばんせん	746
ぱんだ	パンダ	351
ぱんち	パンチ	255
ぱんつ	パンツ	328

ひ		
ひ	日	520
ぴあの	ピアノ	554
びーる	ビール	456
ひがし	東	788
ひく	ひく	556
ひく	ひく	934
ひくい	ひくい	299
ひこうき	ひこうき	758
びざ	ビザ	987
[お]ひさしぶりです[ね]	[お]ひさしぶりです[ね]	982

びじゅつ	びじゅつ	1010
びじゅつかん	びじゅつかん	542
ひだり	左	785
ひっこし	ひっこし	873
びでお	ビデオ	931
ひと	人	286
ひとつめ	1つ目	793
ひとり	ひとり	51
ひとりで	一人で	962
ひまな	ひまな	203
ひゃく	百	643
びょういん	びょういん	944
びょうき	びょうき	943
ひらがな	ひらがな	168
ひる	ひる	395
びる	ビル	866
ひるごはん	ひるごはん	422
ひるやすみ	ひる休み	202
ひろい	ひろい	889
ひろしま	ひろしま	390

ふ		
ふぃりぴん	フィリピン	83
ふうとう	ふうとう	706
ぷーる	プール	571
ふぉーく	フォーク	495
ふく	ふく	306
ふくおか	ふくおか	391
ふじさん	ふじさん	383
ふたつめ	2つ目	794
ぶたにく	ぶた肉	428
ふたり	ふたり	52
ぶちょう	ぶちょう	232
ぶっか	ぶっか	656
ふとん	ふとん	847
ふなびん	ふなびん	710
ふね	ふね	759
ふべんな	ふべんな	881
ふゆ	ふゆ	618
ぶらじる	ブラジル	93
ふらんす	フランス	96
ふる	ふる	594
ふるい	古い	892
ぷれぜんと	プレゼント	717

[お]ふろ	[お]ふろ	413
～ふん	～分	273
～ぷん	～分	273

へ		
へえ	へえ	1031
へたな	へたな	529
べっど	ベッド	843
べつべつに	べつべつに	503
べとなむ	ベトナム	84
へや	へや	837
べんきょう	べんきょう	107
[お]べんとう	[お]べんとう	464
べんりな	べんりな	880

ほ		
ぼうし	ぼうし	333
ほーむすてい〈する〉	ホームステイ〈する〉	365
ぼーるぺん	ボールペン	251
ほかに	ほかに	502
ぼく	ぼく	908
[けんこう]	[けんこう]	964
ほけんしょう	ほけんしょう	
ほしい	ほしい	673
ぽすと	ポスト	697
ぼたん	ボタン	693
ほっかいどう	ほっかいどう	379
ほっちきす	ホッチキス	256
ぽっぷす	ポップス	552
ほてる	ホテル	360
ほん	本	173
ほんとう	ほんとう	997
ほんとうに	ほんとうに	632
ほんや	ほんや	187

ま		
まいあさ	まいあさ	397
まいにち	まいにち	145
まいばん	まいばん	398
まえ	まえ	803
まえ	まえ	1019
まがる	まがる	779
まける	まける	578
まず	まず	685
また	また	1024
まだ	まだ	1016

また いらっしゃって ください。	また いらっしゃって ください。	897
また こんど おねがいします	また こんど おねがいします	830
まだまだです	まだまだです	530
まち	町	366
まつ	まつ	815
まっすぐ	まっすぐ	778
[お]まつり	[お]まつり	354
～まで	～まで	283
までに	までに	1025
まど	まど	838
まれーしあ	マレーシア	85
まわす	まわす	933
まん	万	645
まんが	まんが	561

み		
みがく	みがく	418
みかん	みかん	437
みぎ	右	786
みじかい	みじかい	305
みず	水	443
みせ	みせ	660
みせる	見せる	677
みち	みち	777
みっつめ	3つ目	795
みどり	みどり	885
みなさん	みなさん	1029
みなみ	南	790
みみ	耳	951
みゃんまー	ミャンマー	86
みる	見る	403
みるく	ミルク	448
みんな	みんな	288
みんなで	みんなで	546

む		
むかえる	むかえる	346
むずかしい	むずかしい	536
むだな	むだな	994
むりな	むりな	978

め		
め	目	300
めいし	めいし	244

～めーとる	～メートル	797
めーる	メール	702
めがね	めがね	335
めきしこ	メキシコ	92

も

もう	もう	1015
もう いちど	もう いちど	160
もう いっぱい	もう いっぱい	514
もう すこし	もう 少し	164
もうすぐ	もうすぐ	1021
もくようび	木よう日	138
もし[～たら]	もし[～たら]	937
もしもし	もしもし	214
もちろん	もちろん	634
もつ	もつ	341
もっていく	もっていく	606
もってくる	もってくる	605
もの	物	718
もみじ	もみじ	624
もらう	もらう	715
もんだい	もんだい	192

や

～や	～や	661
～や～[など]	～や～[など]	638
やきゅう	やきゅう	583
やくそく〈する〉	やくそく〈する〉	817
やくに たつ	やくに たつ	221
やさい	やさい	432
やさしい	やさしい	295
やさしい	やさしい	535
やすい	安い	642
やすみ	休み	201
やすむ	休む	200
やちん	やちん	875
やま	山	575
やめる	やめる	1013

ゆ

[お]ゆ	[お]ゆ	444
ゆうびんきょく	ゆうびんきょく	696
ゆうめいな	ゆうめいな	486
ゆーもあ	ユーモア	296
ゆき	ゆき	593
ゆっくり	ゆっくり	158

ゆびわ	ゆびわ	339
ゆめ	ゆめ	1003

よ

ようじ	ようじ	818
ようび	よう日	133
よかったら～	よかったら～	825
よく	よく	165
よく	よく	772
よこはま	よこはま	377
よにん	よにん	54
よぶ	よぶ	940
よむ	読む	172
よやく〈する〉	よやく〈する〉	359
よる	よる	396
よわい	よわい	581
よん	よん	122

ら

らーめん	ラーメン	465
らいげつ	らいげつ	924
らいしゅう	らいしゅう	921
らいねん	らいねん	611
らじお	ラジオ	405

り

りゅうがく〈する〉	りゅうがく〈する〉	1004
りゅうがくせい	りゅうがくせい	105
りょう	りょう	865
りょうしん	りょうしん	30
りょうり	りょうり	460
りょこう〈する〉	りょこう〈する〉	357
りんご	りんご	435

れ

れい	れい	193
れいぞうこ	れいぞうこ	860
れすとらん	レストラン	488
れぽーと	レポート	185
れもん	レモン	436
れんしゅう〈する〉	れんしゅう〈する〉	188

ろ

ろーまじ	ローマ字	171
ろく	ろく	124
ろくにん	ろくにん	56
ろしあ	ロシア	94
ろっく	ロック	553

ろびー	ロビー	362
ろぼっと	ロボット	1030

わ		
わあ	わあ	728
わいん	ワイン	457
わかい	わかい	886
わかりました	わかりました	1046
わかる	わかる	162
わしつ	わしつ	845
わすれる	わすれる	191
わたし	わたし	1
わたる	わたる	780
わるい	わるい	590

を		
～を ください	～を ください	636

<著者> アークアカデミー
1986 年創立。ARC グループ校として、ARC 東京日本語学校、アークアカデミー
新宿校、大阪校、京都校、ベトナムハノイ校がある。日本語教師養成科の卒
業生も 1 万人を超え、日本語を通して社会貢献できる人材育成を目指している。

監修　遠藤 由美子（えんどう ゆみこ）
早稲田大学大学院日本語教育研究科修士課程修了
アークアカデミー新宿校校長
執筆　薄井 廣美（うすい ひろみ）
早稲田大学第一文学部日本文学科卒業
ARC 東京日本語学校講師
協力　関 利器（せき りき）
ARC 東京日本語学校専任講師

はじめての日本語能力試験
N5 単語　1000 [タイ語・インドネシア語版]

2019 年 10 月 8 日　初版　第 1 刷発行

著　者	アークアカデミー
翻訳	Wiastiningsih（インドネシア語）
	Wipa Ngamchantakorn（タイ語）
翻訳校正	Lukman Hakim（インドネシア語）
イラスト	花色木綿
装丁	岡崎裕樹
編集・DTP	有限会社ギルド
発行人	天谷修身
発行所	株式会社アスク出版
	〒 162-8558 東京都新宿区下宮比町 2-6
	TEL 03-3267-6864　FAX 03-3267-6867
	https://www.ask-books.com/
印刷・製本	日経印刷株式会社

'はじめての日本語能力試験 N5 単語 1000' in Thai language version
Thai translation by Wipa Ngamchantakorn
First published in Thailand by TPA Press
Thai text©2018 by Technology Promotion Association (Thailand-Japan)
Printed in Thailand